JN046286

友だちを助けるための
国際人権法入門

シン　ヘ　ボン
申 惠丰

NO!
HATE

NO
HATE

HUMAN
RIGHTS

影書房

はじめに

●国際人権法の大事な二本柱、国連憲章と人権条約

「国際人権法」とは、人権保障に関する国際法で、「国連憲章とそれに基づくシステム」と「人権条約とそれに基づくシステム」とを二本柱とする法体系のことです。

国際人権法の大きな特徴は、**人種や性などによる差別なく「すべての人」に対する人権の尊重を前面に打ち出している**ことです。

人権は、アメリカ独立宣言（1776年）やフランス人権宣言（1789年）で掲げられたときから、本来、すべての人がもつ権利という普遍的な概念です。しかし、実際には、アメリカ独立宣言はイギリスの植民地支配から解放されることを訴えた一方、当時のアメリカには奴隷制がありましたし、フランス人権宣言は生まれながらに身分が決まっている身分制社会を否定した一方、女性に男性と平等に人権を認めることは念頭においていませんでした。奴隷制や奴隷取り引きが違法とされ廃止に向かうのは、19世紀に入ってからですし、フランスで女性の参政権が認められたのは、ようやく1944年のことです。

今日では、日本を含めほとんどの国が憲法で人権規定をおいており、それに基づいて人権保障が図られています。ただ、日本国憲法の規定をみてもわかるように、一国の憲法に規定される人権は、どうしても、「国民」の権利を中心にしがちです。憲法の教科書の人権のところに「外国人の人権」というテーマが出てくるのもそのためです。

これに対して、第2次世界大戦中にナチス・ドイツが徹底した人種差別思想に基づいてユダヤ人を迫害し、虐殺した経験を経てつくられ

た国連は、国際平和の維持を第一の目的としつつ、人権尊重も目的としています。国連憲章は「人種、性、言語、宗教による差別なくすべての人」の人権尊重のための国際協力を国連の目的のひとつに掲げ（1945年の国連憲章）、加盟国にも、そのような人権の尊重のためのとりくみをする義務を課しています。

　国連憲章のこれらの規定が、国際人権法の出発点です。1948年には、国連憲章にいう人権の内容を具体化する「世界人権宣言」も国連総会で採択されました。

　国連憲章や世界人権宣言の規定は、国がいずれかの人権条約に入っているかどうかとは別に、国連加盟国である限り守らなければならない人権基準と理解されています。国連の人権理事会では、これらを中心的な基準として、加盟国の人権問題について討議されます。

　人権条約は、人権保障のための条約（国家間の法的な約束）で、国連で結ばれたものとしては現在9つあります。その他にも、「難民条約」のように、内容的に人権保障と深い関係をもち、広い意味で人権条約に含めてよいものもあります❶。

　日本が入っているのはすべて国連の人権条約で（アジアには、残念ながらヨーロッパのように地域の人権条約がありません）、国際人権規約をなしている2つの条約（「社会権規約」❷と「自由権規約」❸）、「人種差別撤廃条約」、「女性差別撤廃条約」❹、「拷問等禁止条約」❺、「子どもの権利条約」❻、「強制失踪条約」、「障害者権利条約」の8つです❼。日本は、難民条約にも加入❽しています。

　●国内法による人権保障は万全ではない

　国際人権法は、憲法をはじめとする国内法にとってかわるものではなく、むしろ、各国の国内法の存在を前提とし、国内法が人権保障の

ために実効的に機能してくれることを期待しています。そもそも、国内法による人権保障が本当に万全であれば、国際人権法などあえて必要ないともいえるでしょう。

しかし、**第1次世界大戦後、敗戦で多額の賠償金を課せられ経済が苦境に陥ったドイツで、ヒトラー率いるナチ党（国家社会主義労働者党）が、アウトバーン（高速自動車国道）建設工事などの公共事業や、外敵に目を向ける排外主義的な主張で国民の支持を集めて台頭し、第2次世界大戦に向かっていった経緯は、国内法による人権保障がいかに脆弱になりうるかを物語っています。**

第1次世界大戦後のドイツは、ワイマール憲法という、先進的な人

・・・ 注 ・・・・・・・・・・・・・・・・・・・・・・・・・・・・・・

❶ 難民条約は、「難民」の定義や、難民と認められた人が保障される人権について定めています。他方で、難民条約の適用については、難民問題を扱う国連の機関（国連難民高等弁務官事務所）が監督することになっているので、9つの人権条約のように、それぞれ「委員会」をおき各国の実施状況をチェックするしくみが設けられていません。

❷ 正式名称は「経済的、社会的及び文化的権利に関する国際規約」といいます。

❸ 正式名称は「市民的及び政治的権利に関する国際規約」といいます。

❹ 政府公定訳では「女子差別撤廃条約」ですが、「女子」の部分は英語正文では women です。「女子」というと「女の子」を連想し適切ではないので、一般には「女性差別撤廃条約」と呼ばれています。

❺ 正式名称は「拷問及び他の残虐な、非人道的な又は品位を傷つける取り扱い又は刑罰に関する条約」といいます。

❻ 日本政府公定訳では「児童の権利条約」ですが、この条約で child とは 18 歳未満の人を指します。「児童」というと、日本の学校教育では小学生を指すため、一般には「子どもの権利条約」の訳語が広く用いられています。

❼ 日本が入っていない人権条約が、「移住労働者権利条約」です。

❽ 多数国間の条約は、署名の後に「批准」という手続きをすることで正式に入ることになっているものが多く、その場合、条約に入るのは批准のときになります。署名に参加しなかった国が後から入る場合は、「加入」という手続きがあり、これが、条約に入る手続きになります。

権規定を含むすばらしい憲法をもっていました。しかし、ヒトラーが1933年に首相の座についた後、言論や集会の自由など憲法上の基本権を停止する大統領緊急令を発令させたり、ヒトラーに独裁的な権限を与える全権委任法を国会で通過させたりして、憲法の人権保障は次々と無きものにされていったのです。**ヒトラーは、議会で多数決により全権委任法が通過したことで、自分は民主的に権力を握ったと主張し**（実際にはそのとき、共産党や社会民主党など一部の議員は締め出され議会に入れなかったのですが……）、「総統」を名乗って全権を掌握しました。

ヒトラーは、1925年に出版した著書『わが闘争』で、「最も価値のある人種だけを保存し、ドイツ民族を支配民族とすることがドイツ民族の使命である」といった人種主義の考えを表明していましたが、権力を握るや、ユダヤ人から市民権を奪う法律の制定（1935年のニュルンベルク法）、精神障害者や身体障害者の組織的な殺害、ユダヤ人の強制収容所移送、ガス室での絶滅計画といった恐るべき政策を次々と実行に移していきました。

このように、**憲法による人権保障や議会制民主主義のプロセスも、機能不全に陥ることがありうる**というのが歴史の経験です。

政権党である自民党が、大災害などの緊急時には国会の関与なく内閣が閣議で法律と同じ効力をもつ政令を出すことや地方自治体の長に指示することを認める「緊急事態条項」を盛り込んだ憲法「改正」の企てを公にしている現在の日本も、そうした歴史の教訓は決して無縁ではないでしょう。

また、マイノリティは議会制民主主義のプロセスからとくにこぼれ落ちやすい存在ですが、司法が独立していなかったり、政治部門（立法・行政）に忖度していたりすれば、司法による人権救済もできなくなり

ます。

　国内法による人権保障は完全ではなく、**機能不全に陥ることや人権を十分に守らないことも往々にしてあるからこそ**、人権は国際法上の問題にもなったのです。

◉人権条約は、国の管轄下にある「すべての人」への人権保障を求めている

　人権条約は、締約国の管轄（国としての権限ということ）下にある「すべての人」に対して、人権を保障することを定めています。管轄下にある「すべての人」ですから、自国民か外国人かという国籍は関係ありませんし、何らかの理由で国籍がない無国籍の人も対象になります。

　そして、大事な点として、**外国人でしかも入管法（日本に入国又は日本から出国する人に適用される「出入国管理及び難民認定法」）上の有効な在留資格がない**（ビザが切れてしまい非正規滞在❾の状態になったなど）**人も、日本の「管轄下にある人」です。日本では、条約は法律より上の地位をもち、条約の方が優先しますので、ひとつの法律にすぎない入管法上の地位がどうであれ、人権条約上の人権を国は守らなければならないのです。**

・・・注・・・・・・・・・・・・・・・・・・・・・・・・・・・・・・・・・

❾　入管法上は、有効なビザが切れて残留している人は不法残留者であり、不法滞在者です。ただ、そこでいう「不法」は入管法の違反であり、刑法上の犯罪を犯したわけではありません。偽造パスポートでの入国なども、本文のcase 10でみるように、迫害を受けて逃げる難民がやむなく行う場合もあります。難民条約は、難民に対して、不法に入国し又は不法にいることを理由として刑罰を科してはならないと定めています。また、入管法の違反があったとしても、国際人権法上、家族としての権利の保護や、子どもの権利の保護を受けます。そこで本書では、入管法違反の状態での滞在を「非正規滞在」としています。

どうでしょうか。入管法違反の状態にある外国人はまるで何の人権も享受できないかのようなイメージがあるかもしれませんが、国際人権法の視点を入れると、それが大きく変わってきませんか。

外国人の人権は、憲法をはじめとする国内法の視点だけでみていては不十分な分野の典型です。外国人や、外国にルーツをもつ人たちの人権の問題は、拉致問題を理由とした子どもへの差別（高校就学金支援制度からの朝鮮学校除外）、「○○人は出ていけ！」のようなヘイトスピーチの横行、アパートを借りようとするときの入居差別など、国の政策によるもの・私人（民間人）によるもの双方を含めて現実に多数起きています。

●教育を受ける権利や生存権の問題も

また、大学の学費が高くて「奨学金」ローンを借りざるをえず、その返済に苦しんだり、生存権の頼みの綱である生活保護の額がどんどん引き下げられたりなど、私たちの身近にも人権問題はたくさんあります。

人権侵害は、拷問や虐待に遭うといった、人の身体に対する直接の侵害だけではありません。教育を受ける権利や、健康で文化的な、人間らしい生活を送ることができる生存権は、憲法で保障されている人権ですし、社会権規約や子どもの権利条約などの人権条約は、そのような権利を実現するため国が負う義務について定めています。国が、とるべき措置を怠ることや、権利を実現するどころか逆にわざわざ後退させる措置をとることは、これらの人権条約に反するといえます。

このような人権問題も、国際人権法に照らして考えることで、「これはおかしい。変えるべきだ」ということを、**根拠をもって主張できる**ようになります。

この本では、日本社会で共に生きている仲間や友だちを助けるための手立てとなりうる国際人権法について、一緒に学んでみましょう。

世界人権宣言

前文　人類社会のすべての構成員の固有の尊厳と平等で譲ることのできない権利とを承認することは、世界における自由、正義及び平和の基礎であるので、人権の無視及び軽侮が、人類の良心を踏みにじった野蛮行為をもたらし、言論及び信仰の自由が受けられ、恐怖及び欠乏のない世界の到来が、一般の人々の最高の願望として宣言された。〔中略〕

第1条　すべての人間は、生れながらにして自由であり、かつ、尊厳と権利とについて平等である。人間は、理性と良心とを授けられており、互いに同胞の精神をもって行動しなければならない。

国連憲章

われら連合国の人民は、われらの一生のうちに二度まで言語に絶する悲哀を人類に与えた戦争の惨害から将来の世代を救い、基本的人権と人間の尊厳及び価値と男女及び大小各国の同権とに関する信念をあらためて確認し、正義と条約その他の国際法の源泉から生ずる義務の尊重とを維持することができる条件を確立し、一層大きな自由の中で社会的進歩と生活水準の向上とを促進すること並びに、このために、寛容を実行し、且つ、善良な隣人として互いに平和に生活し、国際の平和及び安全を維持するためにわれらの力を合わせ、共同の利益の場合を除く外は武力を用いないことを原則の受諾と方法の設定によって確保し、すべての人民の経済的及び社会的発達を促進するために国際機構を用いることを決意して、これらの目的を達成するために、われらの努力を結集することに決定した。(後略)

目 次

第6章　差別を受けない権利②　　社会生活上の差別を争うには　95

第7章　外国人の人権　　外国人でも、在留資格がなくても、国が守るべき人権がある　119

第 **1** 章

学ぶ権利を守る

教育のためにもっと予算をあてる国の義務

$case\ 1$

大学に行くために奨学金を借りざるをえないが、その返済が不安で困っているDさん

　こんにちは。ぼくはDといいます。大学に行って、将来は、勉強したことを活かして仕事をし、社会にも貢献したいと思っています。でも、大学の学費は高く、私立文系で年間100万円ほど、国立文系に受かったとしても年間50万円以上かかります。大学では、本などを買うお金も必要です。さらに、自宅から遠い大学になり下宿をするとすれば、さらに生活費がふくらみます。

　政府は2019年、消費税を財源とした高等教育就学支援制度（「高等教育〔大学・短期大学・高等専門学校・専門学校〕無償化」）を2020年から導入すると発表しましたが、それが適用されるのは、住民税非課税世帯（4人世帯の年収目安で約270万円未満）とそれに準ずるごく低所得（4人世帯の年収目安で約380万円未満）の家庭とのことで、ぼくの家庭は年収600万円ほどなので対象になりません。

　ぼくは、日本学生支援機構の貸与型奨学金を利用しようと思っていますが、無利子のものは成績と家庭の所得の面で条件があり、また借りられる額も低い一方、有利子だと借りられる額が高いので、有利子にせざるをえないかと考えています。ですが、4年間借りて、卒業後きちんと返済できるかどうか、とても不安です。

◆国際的にみても最低レベルの、教育に対する日本の公的支出

　日本では、大学や大学院、高等専門学校などの高等教育の学費が、データのあるOECD（経済開発協力機構）加盟国の中でもっとも高い国のひとつで、しかも、賃金の上昇率をはるかに上回る率で年々上がり続けています。

　国公立の大学よりも私立の大学の方が数も多く、大学生の7割以上（約73％）は私立大学で学んでいます。しかし、私立大学への国の補助金（私学助成）はわずかで（学生1人当たりに換算すると約14万円。国立では1人当たり約180万円です）、私立大学の運営はほとんどを学生納付金に頼っているため、学費は当然、国立より高額です。初年度は入学金もあるため、それも合わせた私立大学学部の初年度納付金は、平均で130万円を超えています（これらのデータは、「東京私大教連」の「私立大学生の学費負担の大幅軽減と私大助成の増額をもとめる国会請願」2018年によっています）。

　他方で、国公立大学の学費も現在は決して安いとはいえず、授業料は国立文系で約54万円に達しています（2019年度）。

　にもかかわらず、日本では、公的な給付型（返済しなくてもよい）奨学金がほとんどありません。

　かつて、「日本育英会」が奨学金事業を行っていた頃は、奨学金は貸与型であるものの、教員などの研究職に就いて一定年数勤務した人に対する返還免除の制度があったので、研究職に就くことを奨励し、結果的に給付奨学金となる側面がありました。しかし、小・中・高校の教員が奨学金返済を免除される制度は1998年に廃止され、2004年に日本育英会が廃止され現在の「日本学生支援機構」に組織改編さ

れた際には、大学教員への免除もすべて廃止されてしまいました。

「奨学金問題対策全国会議」などによる市民運動もあり、2017年からようやく給付型奨学金が導入されましたが、新規採用枠は毎年2万人ずつと非常に少なく、また、金額も、月額2万円から4万円（国公立か私立か、自宅通学か自宅外通学かによって異なる）というわずかな額です。その他には、返済義務がある貸与型の奨学金しかないのです。

貸与型のものは、カッコつきの「奨学金」であり、実際には「学生ローン」と呼ぶべきものでしょう。しかも、無利子「奨学金」（自宅通学か自宅外通学かにより、大学で月2〜6.4万。大学院の場合は、修士課程か博士課程かにより月5〜12.2万）より多くの額（学部により、大学で月2〜16万。大学院では、法科大学院で月5〜22万、その他の大学院で月5〜15万）が借りられるのが、返済時に利子がつく有利子「奨学金」となっているのです（金額は2019年4月現在）。

日本は、経済大国といわれますが、教育に対する公的支出はきわめて少なく、国のGDPに占めるその割合において、OECD加盟国の中で例年最下位になっています（次頁表）。高等教育の学費は68％を家計負担に依存しており、これは、OECD加盟国平均の30％の倍以上です（OECD「図表でみる教育—OECDインディケータ　日本」2018年）。Dさんは、将来の返済を不安に感じていますが、それも当然です。

◉「奨学金」ローンという借金

クレジットカードで買い物をするにしても、住宅ローンなどローンを組むにしても、私たちは普通、自分の収入との兼ね合いにおいて、返済できるという見通しを立てて、お金を借りるものでしょう。

ですが、「奨学金」ローンの場合は、就職してお給料を得る前から、学生として勉強するためにお金を借りるわけです。まして、賃金の低

【表】OECD(経済協力開発機構)加盟各国における、初等教育から高等教育の公的支出が国内総生産(GDP)に占める割合 (2016年)

国　　名	割合%	国　　名	割合%
ノルウェー	6.3	エストニア	3.9
フィンランド	5.4	オーストラリア	3.9
ベルギー	5.3	ポーランド	3.8
アイスランド	5.3	韓国	3.8
スウェーデン	5.2	スロベニア	3.8
イスラエル	4.8	ラトビア	3.7
ニュージーランド	4.7	ドイツ	3.6
オーストリア	4.6	ハンガリー	3.5
フランス	4.5	スペイン	3.5
カナダ	4.4	ギリシャ	3.2
オランダ	4.2	アイルランド	3.2
イギリス	4.2	イタリア	3.1
アメリカ	4.1	スロバキア	3.1
ポルトガル	4.1	リトアニア	3.1
トルコ	4.1	ルクセンブルク	3.0
コロンビア	4.0	チェコ	3.0
チリ	4.0	**日本**	2.9
メキシコ	4.0	**OECD平均**	4.0

資料：OECD「Education at a Glance 2017」、総務省統計局『世界の統計 2017』、United Nations「The 2017 Revision of World Population Prospects」より

い非正規雇用ばかりが増えている今の日本社会では、不安にならないはずがありません。正社員として就職できたとして、そこが「ブラック企業」といわれるような悪条件の仕事だったとしても、「奨学金」ローンの返済を抱えていては、辞めたくても辞められない苦境に陥るかもしれません。

　就職だけではありません。多くの若い人たちが、大学を出て社会に出るときにすでに「奨学金」ローンという借金を背負い、その返済をしながら生きていかなければならない現状は、結婚や子育てなど、その人たちの人生設計にも暗い影を落としていることが調査で明らかに

なっています（労働者福祉中央協議会のパンフレット「アンケートから見る教育費負担と奨学金問題」2019 年も参照）。自分が借金を背負っているのに、子どもができればまたその教育費負担が待っているわけですから、さもありなんでしょう。

「奨学金」を返せない場合、延滞金が課されます（2013 年度までは年率 10％、2014 年度以降は年率 5％）。延滞金が発生すると、返済では延滞金支払いが優先されるため、有利子奨学金の場合には延滞金→利子→元金の順に充当され、一生懸命返済しても元金がなかなか減りません。

驚くべきことに、利息と延滞金で、日本学生支援機構は年間数百億円もの経常収益を上げています。

そのうち、利息の大半は、財政融資資金という、政府から借りたお金の利払いにあてられます。有利子奨学金の財源は、税金で支えられる一般会計ではなく、財政投融資（国債の発行などで調達した資金を財源として政府が行う投資・融資活動）が中心だからです。その他に、資金を貸し出している民間の銀行にも利息が払われ、返済の取り立てをした業者にも、取り立て手数料が支払われています。

奨学金問題に詳しい大内裕和教授は、このような実態から、**日本学生支援機構による奨学金の制度は、奨学制度というより「金融事業」になっている**と指摘しています（大内裕和『奨学金が日本を滅ぼす』朝日新書、2017 年）。

◆社会権規約は、無償の高等教育を漸進的に導入することを国に求めている

日本では「奨学金」の名で学生が借金をさせられることがあたり前のようになっていますが、これはおかしなことではないでしょうか。

能力に応じて**教育を受ける権利**は、憲法でも保障されています。

　教育基本法も、「すべて国民は、ひとしく、その能力に応じた教育を受ける機会を与えられなければならず、人種、信条、性別、社会的身分、経済的地位又は門地によって、教育上差別されない」として、「経済的地位」によっても差別されないことを定めています。

　自費で教育を受けろ、払えない人は借金をするか又はあきらめろ、というのは、教育を受ける権利を無視した、根拠のない「自己責任」論です。

●社会権規約は無償教育の漸進的な導入を義務づけている

　加えて、社会権規約は、教育についての権利の規定で、高等教育についても、無償教育を漸進的に導入するための措置をとることを国に義務づけています。

社会権規約 第2条 【締約国の実施義務】

1項　この規約の各締約国は、立法措置その他のすべての適当な方法によりこの規約において認められる権利の完全な実現を漸進的に達成するため、自国における利用可能な資源*を最大限に用いることにより〔中略〕措置をとることを約束する。

　　　＊ここは、政府公定訳では「手段」と訳されていますが、英語正文ではresourcesで、「資源」と訳すべき語です。

2項　この規約の締約国は、この規約に規定する権利が人種、皮膚の色、性、言語、宗教、政治的意見その他の意見、国民的もしくは社会的出身、財産、出生又は他の地位によるいかなる差別もなしに行使されることを保障することを約束する。

> **社会権規約 第13条 【教育についての権利】**
>
> **1項** この規約の締約国は、教育についてのすべての者の権利を認める。〔中略〕
>
> **2項** この規約の締約国は、1の権利の完全な実現を達成するため、次のことを認める。〔中略〕
>
> **(c)** 高等教育は、すべての適当な方法により、特に、無償教育の漸進的な導入により、能力に応じ、すべての者に対して均等に機会が与えられるものとすること。

　日本は当初、第13条2項（c）については受け入れないという「留保」を付していましたが、2012年に留保を撤回しましたので、その後は、この規定に基づく義務を負っています。国は、この規定に従い、無償教育を、ただちにではなくとも漸進的に導入し、広げていかなければならないのです。

◉「高等教育無償化」は社会権規約の趣旨に適っていない

　2020年から実施予定の「高等教育無償化」は、無償教育を漸進的に導入する上では確かにひとつの前進ではありますが、その対象となる人々が非常に限られています。

　文部科学省ホームページの「高等教育の就学支援新制度について」によると、両親・学生本人・中学生の家族4人世帯の場合で、

　①住民税非課税世帯（年収目安で約270万円未満）の学生については、大学が授業料等を減免（そのための費用を公費で支出）するとともに日本学生支援機構が給付型奨学金を支給、

　②年収目安で約300万円未満の世帯の学生には、授業料等の減免と給付型奨学金をそれぞれ3分の2支援、

③年収目安で約380万円未満の世帯の学生には、授業料等の減免と給付型奨学金をそれぞれ3分の1支援

というものですが、4人家族で年収270万円未満というのは、大学進学はおろか、日々の食生活や家賃の支払いで精一杯の生活レベルでしょう。それに準じる年収380万円未満にしても同様です。

どうして、支援対象となる世帯をここまで絞り込むのでしょうか。

現役の学生が立ち上げた「高等教育無償化プロジェクトFREE」のアンケート調査によれば、Dさんの家庭のような中所得階層の年収600万円程度どころか、年収1,000万の家庭でも、子どもの希望する進路を、学費のために変えざるをえない場合があることが明らかになっています。文系よりも、理学や工学、医学などの理系はさらに学費が高いですし、子どもが複数いる家庭では、学費の工面はなおさら大変でしょう。

また、「高等教育無償化」には、対象となる大学にも要件があり、実務経験のある教員を1割以上配置する、大学法人の理事に産業界などの外部人材を複数任命するなど、大学の人事に介入するような要件が付されているのも問題です。文学や芸術など、分野によっては、そのような要件を満たしにくい分野もあるでしょう。学生の学ぶ権利を実現するための政策であれば、なぜそのような要件をつける必要があるのでしょうか。

さらに問題なのは、「高等教育無償化」を謳う一方で、政府は、国立大学が人件費等をまかなっている「運営費交付金」を年々減額するなど、教育支出を削減する措置をとっていることです。このため、国立大学の中には、2019年になって、学費を大幅値上げすると発表するところも出てきました（一橋大学、東京藝術大学など）。

また、これまで国立大学が行ってきた**授業料減免制度**では、世帯年

収 380 万円以上の中所得世帯も対象になる場合が多かったのですが、2020 年からの新制度への移行により、国立大学に通う学部生のうち約 2 万 4 千人は授業料負担がかえって増加する見通しであることが明らかになっています（文部科学省調査）。

　このような事態は、とうてい社会権規約の趣旨に適っているとはいえません。学費が徐々に下がっていき、かつ、学びたいすべての学生の権利が実現されるような、本当の意味での無償化の導入を図っていくべきです。

◉制度の恩恵を受けられない人に生じる不平等

　「高等教育無償化」と時を同じくして政府が打ち出し、2019 年 10 月から実施されている「幼保無償化」にも、大きな問題があります。3 歳児から 5 歳児までは全世帯が対象の一方、0 歳児から 2 歳児までは住民税非課税世帯が対象となり、認可保育園や幼稚園などの利用料が原則として無料となるというものですが、そもそも、保育園に入れない「待機児童」が日本にはたくさんいるのです。

　保育園に入れた人は制度の恩恵を受けることができる一方、入れない人が依然として多くいるという事態は、かえって不平等を強めることになります。SNS で「# 無償化より全入」というハッシュタグをつけて発信する人たちも多くいました。保育園が足りない上に、重労働であるのに賃金が低いため生活できず辞めてしまう保育士が後を絶たず、そのために保育園がやむをえず廃園になる事態が起きていることも深刻です。

◉安全な環境で育つ権利、学ぶ権利がないがしろにされている

　日本では、明らかに、教育や保育にあてる公的支出があまりにも少

なすぎて、良い環境で安全に育てられるべき子どもの権利や、学ぶ生徒・学生の権利がないがしろにされています。

　子どもの権利条約は、国が子どもの権利の実現のためにあらゆる措置をとること、教育についての権利のような社会的、経済的、文化的権利についても、国の資源を最大限に用いて実現に向けた措置をとる義務を負うことについて、次の通り規定しています。

> **子どもの権利条約 第 4 条 【締約国の実施義務】**
> 締約国は、この条約において認められる権利の実現のため、すべての適当な立法措置、行政措置その他の措置を講ずる。締約国は、経済的、社会的及び文化的権利に関しては、自国における利用可能な資源の最大限の範囲内で、また、必要な場合には国際協力の枠内で、これらの措置を講ずる。

　国が利用可能な「資源（resources）」の最たるものは、予算です。人権、とくに教育についての権利のような権利を実現するには、当然ながら、しっかりした予算の裏づけが必要です。

　国連子どもの権利委員会は、この第 4 条に関する「一般的意見」として、まさに「予算」をテーマとした内容の意見を採択し、国が子どもの権利のために十分な予算を割く必要性について詳しく述べています。

　子どもの虐待防止のための児童相談所の職員にせよ、保育園の保育士にせよ、学校の教職員にせよ、日本では、子どもにあてられる公的支出が少なすぎて、それらの人々の人員不足や劣悪な労働条件が常態化しているだけでなく、結果的に、子どもの権利を十分に守れない事態になっています。これは、まさに、子どもの権利条約上の問題です。大学で学ぶために「奨学金」ローンを背負わされる現状も、社会権規

約に照らせば、是正していかなければなりません。

●**教育は権利。国は国費を投じ、権利を保障する義務がある**

　能力に応じて高等教育を受ける権利は、憲法でも国際人権法でも保障された人権です。経済的理由で高等教育を受けられないことを、仕方ないといって我慢したり、「自己責任」論で子どもや若い人たちを責めたりするのではなく、**教育は「権利」であり、国はそれに国費を投入する「義務」がある**のだという考えを堂々と主張していくことが必要です。

　弁護士や研究者などの方々が結成した「奨学金問題対策全国会議」は、学費と奨学金の問題にとりくみ、これまでにも給付型奨学金の実現など一定の成果を挙げていますし、先にふれた「高等教育無償化プロジェクトFREE」のように、当事者である学生も声を上げ、大学への申し入れや記者会見などの活動をしています。

　同じ問題に直面している人たち、志を同じくする人たちとつながって連帯し、情報交換や、学内での働きかけ、SNSでの社会発信、国会議員への働きかけ（ロビイング）など、いろいろな形で、できるとりくみをしてみましょう。

ポイント

★ 日本は大学などの高等教育の学費がOECD加盟国の中でもっとも高い国のひとつ。教育に対する公的支出はきわめて少ないため、学費の約７割は家計が負担している（OECD加盟国平均の倍以上）。

★ 日本には公的な給付型奨学金が2017年までなかった。ようやく導入された給付型奨学金も、毎年の新規採用枠は非常に少

なく、金額もわずか。返済型の「奨学金」は借金と同じで、学生の将来設計に暗い影を落としている。

★ 社会権規約は、高等教育についても無償教育の漸進的な導入を国に義務づけている。

★ 教育は憲法でも国際人権法でも保障された大切な人権。国は国費を投じてその権利を保障する義務がある。

第2章

社会保障の切り下げは国の自由ではない

後退禁止原則

case 2

子どもがいるのに生活保護の受給額を引き下げられ、困窮しているSさん

私は今高校生で、お母さん（S）とふたり暮らしの母子家庭です。お父さんの暴力が原因でお母さんは離婚しました。お父さんは、離婚してしばらくの間は養育費を振り込んでくれていましたが、途中からまったく振り込まなくなりました。

お母さんは、当初、生活費を稼ぐため正社員職を探しましたが、なかなか見つからず、スーパーのレジ係、ビルの清掃などいくつかパートをかけもちして無理していました。でも、身体を壊してしまって働けなくなり、数年前から生活保護を受給して暮らしています。

ただ近年、生活保護の受給額は相次いで引き下げられるようになっています。調べたところ、2013年から3年間かけての大幅引き下げ（平均6.5%、最大10%の引き下げで、96%の世帯が影響を受けた）に続き、2018年から3年間も、新たに平均1.8%、最大5%の引き下げで、67%の世帯が影響を受け、それには私たちのような母子世帯も含まれています。

前から食費はぎりぎりだったのに、相次ぐ引き下げでさらに生活は苦しくなりました。私は大学に行きたいと思っていますが、周りからはあきらめるのが当然のようにいわれます。

◆ひとり親世帯、とくに母子家庭の貧困

　日本は、かつては「一億総中流」などといわれる社会でしたが、近年では、パートなどの非正規雇用の増大などを背景として貧富の格差が大きく広がっています。

　ひとり親世帯、とくに、その9割を占める母子家庭は、母親が就労していることが多いのですが、それでも、平均所得は全世帯平均の半分にとどまっています。日本の税制や社会保障制度は、父親が働いて家計を支え、母親は子育てや家事をしながら、所得税や年金保険料などがかからない範囲のパート収入で家計を補助する、という家庭をモデルにして設計されている面がありますが、母親だけの収入で家計を支えなければならない場合には、パートでは十分な収入にならないのが現状です。Ｓさんも、無理してパートをかけもちした結果、身体を壊して働けなくなってしまいました。

◉生活保護を受けられるはずなのに受給できていない現状
　Ｓさんは、生活保護を受給できたので、まだましな方かもしれません。2014年9月には千葉県で、家賃を払えず、県営住宅の立ち退きを迫られて、立ち退き前日に中学2年生の娘を運動会のハチマキで絞め殺してしまったシングル・マザーの事件が起きましたが、この母親は、生活保護を受けようと役所に相談していたにもかかわらず、受給できていませんでした。日本では、生活保護をもらえるはずの経済状態の人のうち、実際に生活保護に至っている率（捕捉率）はわずか10〜20％という現状があります。

　それでも、生活保護を受けての生活は決して楽ではありません。生活保護家庭の子どもが大学に進学すると、「**世帯分離**」といって、生

活保護費がその大学生の分だけなくなりますので（一緒に住んでいても、その大学生はいないものとして扱われる）、大学生本人も家族も生活が苦しくなります。そのため、生活保護世帯の大学進学率は一般よりも相当低くなっています（一般の大学進学率は5割以上、生活保護世帯では約3割）。

　ですが、今や大学進学は贅沢とみられるべきものではありません。**高卒で就職するのと大卒で就職するのとでは、選べる職業の幅も、一生涯で得られる賃金も大きく違ってきますから、大学を出ることは、貧困の連鎖から脱する鍵になります。子どもが大学に進学しにくくなるような生活保護のあり方は見直されるべきでしょう。**

　さらに、Sさんが直面しているような、生活保護費の引き下げも行われています。

◆生活保護の額を決める厚生労働大臣の裁量と、憲法上の生存権

　憲法第25条1項は、すべての人が「健康で文化的な最低限度の生活」を送る権利を認めています（生存権）。この憲法の規定に基づいて、生活保護法という法律が制定されています。

◉生活保護の基準

　生活保護法では、具体的な生活保護の額は、厚生労働大臣が決定することになっており、そこにはある程度の裁量の幅があります。

　しかし、それは自由裁量なのではありません。生活保護法上、生活保護の基準は、「要保護者の年齢別、性別、世帯構成別、所在地域別その他保護の種類に応じて必要な事情を考慮した最低限度の生活の需要を満たすに十分なものであって、且つ、これをこえないもの」とさ

れ（第8条）、また、「保護は、要保護者の年齢別、性別、健康状態等その個人又は世帯の実際の必要の相違を考慮して、有効且つ適切に行う」とされています（第9条）。

◉すでに決定した受給額を受給者の不利になるよう変更はできない

また、正当な理由がなければ、すでに決まった生活保護の額を、受給者の不利益となるように変更することはできないという規定があります（第56条）。

最高裁も、老齢加算廃止の違法性をめぐる2012（平成24）年4月2日の判決で、**厚生労働大臣の裁量判断は、「統計等の客観的な数値等との合理的関連性や専門的知見との整合性の有無」**などについて裁判所による司法審査を受けると述べています。

さらに、厚生労働大臣の裁量は、憲法第25条1項からも制約を受けます。**何が「健康で文化的な最低限度の生活水準」かは、特定の時代の特定の社会では、ある程度客観的に決定できるものですから、それを下回る厚生労働大臣の基準決定は、憲法第25条1項違反になりうると考えられます。**

これまで受給していた生活保護を切り下げたり廃止したりすることも憲法違反になりうるという考え方も、憲法学では有力です。憲法第25条1項は、「健康で文化的な最低限度の生活を営む権利」を具体的に実現することを、立法（生活保護法）や行政（生活保護法に基づく厚生労働大臣の決定）に委ねているのですから、それらによっていったん確立されていた基準を切り下げたり廃止したりするには、憲法上の制約があるとみなければいけない、ということです。

◆社会保障の権利や生活水準についての権利を達成する ため措置をとる義務——社会権規約上の後退禁止原則

　さらに、社会権規約は、社会保障の権利や生活水準についての権利を認め、締約国は、これらの権利の完全な実現を漸進的に達成するため、すべての利用可能な手段を用いて措置をとる義務があるとしています。

> **社会権規約 第2条 【締約国の実施義務】**
> **1項**　この規約の各締約国は、立法措置その他のすべての適当な方法によりこの規約において認められる権利の完全な実現を漸進的に達成するため、自国における利用可能な資源を最大限に用いることにより〔中略〕措置をとることを約束する。

> **社会権規約 第9条 【社会保障についての権利】**
> この規約の締約国は、社会保険その他の社会保障についてのすべての者の権利を認める。

> **社会権規約 第11条 【生活水準についての権利】**
> **1項**　この規約の締約国は、自己及びその家族のための十分な食糧、衣類及び住居を内容とする相当な生活水準についての並びに生活条件の不断の改善についてのすべての者の権利を認める。〔後略〕

　社会権規約にいう、「権利の完全な実現のため措置をとる」義務については、国がその分野の政策をとることを促したにとどまる規定としてとらえる見方もありました。しかし、**社会権規約ははっきりと個人の「権利」を認め、その実現のために「措置をとる」ことを国に義**

務づけているのであって、**政策をとってもとらなくてもよいということではありません。**権利の「完全な」実現は「漸進的に」（＝徐々に）行われるものとしても、権利実現に向けてただちにしかるべき措置をとり始めなければならない、ということは確かなのです。

◉権利実現を後退させることは社会権規約違反

　社会権規約委員会は、**社会権規約がこのように権利実現に向けて措置をとる義務を課している以上、国が意図的に権利実現を後退させる措置をとることは、規約の趣旨に反する、という見解を示しています。**

　委員会は例えば、社会保障の権利に関する第9条についての「一般的意見」で、「**社会保障についての権利に関連してとられた後退的な措置は、規約上禁じられているという強い推定が働く**」とし（**後退禁止原則**）、いかなる**意図的な後退的措置**がとられる場合にも、国は、それがすべての選択肢を最大限慎重に検討した後に導入されたものであることや、利用可能な最大限の資源の利用に照らしてそれが正当化されることを証明しなければならない、と述べています。

　また、そのように、後退的措置をとる（a）合理的な理由があったか否か、（b）すべての選択肢が検討されたか否か、のほかにも、（c）検討にあたって、影響を受ける人々が参加して意見表明をすることはできたのか、（d）その措置が差別的になることはなかったか、（e）その措置によって、最低限不可欠なレベルの社会保障を奪われる人はいないか、（f）その措置について、独立の機関による再検討がなされたか、といった一連の検討事項を挙げています。

　このような観点からみると、**case 2でふれた生活保護の引き下げは、社会権規約、さらには子どもの権利条約に照らして大いに問題があります**（24頁参照）。

●社会保障予算の大幅削減に対する社会権規約委員会からの勧告

社会権規約委員会は 2013 年、日本の政府報告書を審査した際、生活保護を含む社会保障予算の大幅な削減について問題を指摘し、日本への総括所見で、「社会保障への予算分配の大幅な削減が、とくに、不利な状況にあり社会の周縁に追いやられている人々の集団の経済的・社会的権利の享受に悪影響を与えていることに、懸念をもって留意する。（中略）委員会は締約国に対し、後退的措置は、利用可能な資源を最大限に用いた状況においてのみとられることを確保するよう求める。さらに委員会は、締約国に対し、社会保障費の削減が、受給者が規約上の権利を享受することにもたらす影響を監視することを求める」と勧告しています。

●当事者の意見を聴く機会も設けられていない

厚生労働省では、生活保護基準を決めるにあたり、社会保障の専門家からなる「社会保障審議会生活保護基準部会」で、一般の世帯の消費水準と比べても一定程度の水準を確保するような保護費の検討を行っていますが、この部会で、**生活保護受給当事者の意見を聴く機会などは一度も設けられたことがありません。子どものいる世帯も含め、引き下げによって、当事者がどれだけ困窮することになるのか、という考慮も十分にされていません。**

2013 年から 3 年間の生活保護引き下げが与えた影響を検証した報告書では、「特に、母子世帯への影響は大きく、また、多人数の世帯についても影響が大きい傾向が見られた」とされています（「社会保障審議会生活保護基準部会報告書」2017〔平成 29〕年 12 月 14 日）。これは、言いかえれば、**子どものいる世帯に配慮するどころか、母子世帯や多人数の世帯に対して差別的な効果をもたらしているということでもあ**

削減された社会保障費(2013〜18年)

◆ 6年間で社会保障費カット 3兆8850億円以上

予算編成過程での自然増カット（国費）		計1兆5900億円
2013年度	生活保護の生活扶助費削減など	▲2800億円
14年度	診療報酬の実質1.26%減額 生活保護の生活扶助費削減など	▲4000億円
15年度	介護報酬2.27%減額 生活保護の冬季加算削減など	▲4700億円
16年度	診療報酬1.31%減額	▲1700億円
17年度	医療・介護の自己負担の月額上限引き上げ 後期高齢者医療の保険料値上げなど	▲1400億円
18年度	生活保護の生活扶助費削減（3年かけて▲160億円） 診療報酬1.19%減額など	▲1300億円

法改悪などによるカット（給付費）			計2兆2950億円
年金	13〜15年	「特例水準解消」で2.5%減	▲1兆2500億円
	15年度	「マクロ経済スライド」で0.9%抑制	▲4500億円
	17年度	物価変動を踏まえ0.1%減	▲500億円
年金	18年度	70〜74歳まで2割負担	▲4000億円
介護	15年	2割負担導入	▲750億円
	15年	施設の居住費・食費負担増	▲700億円

※削減額が判明しているものだけを計算

2018年10月26日『しんぶん赤旗』を参考に作成

ります。

●人権の観点からの検討が不十分

　2013年からの引き下げは、2012年末からの安倍第2次内閣が掲げた「生活保護をカットする」という政策にそのまま従ったもので、子どもの人権を含めた人権の観点から十分な検討をした上で行ったものではありませんでした。

　それどころか、厚生労働省は、基準部会でまったく検討もされていない、「物価が下がった」という要素を、生活保護引き下げの理由に持ち出し、おかしな独自の計算方式で引き下げを導き出したこと（物

価偽装）が明らかになっています（生活保護問題対策全国会議『「生活保護法」から「生活保障法」へ』明石書店、2018年を参照）。生活保護基準の決め方は、上記のように、一般低所得者世帯の「消費」水準とのバランスをみて決めることになっているのですが、その際に基準になっていないはずの「物価」の動向が引き下げの根拠にされたのです。物価については基準部会で議論すらされていないことは、後述する**「いのちのとりで」裁判**のひとつにおいて、基準部会の部会長代理だった岩田正美・日本女子大名誉教授の証言によって明らかにされています（2019年10月10日、名古屋地裁での証人尋問。「ヤマ場迎える生活保護減額訴訟　元委員『物価下落議論せず』」東京新聞2019年12月2日などを参照）。

　2018年からの引き下げも、同様に政治主導で結論ありきの安易な引き下げで、人権への配慮がまったくありません。このため、**2018年5月24日には、国連人権理事会の特別報告者・独立専門家ら4名が連名で、この生活保護引き下げは日本が負っている国際人権法上の義務に「違反する」と明言する声明を発表し、日本政府に送っています。**

　このように、近年相次いで行われている生活保護の引き下げは、憲法違反の余地があるだけでなく、国際人権法にも違反するものです。社会権規約や子どもの権利条約に反するといえますし、たとえ直接に「条約違反」といわないとしても、これらの条約に照らして憲法第25条1項を解釈すれば、明確に「憲法違反」ということができるでしょう（人権条約の趣旨に照らした憲法解釈）。

●生活保護基準はナショナルミニマムに直結　引き下げは慎重に行わなければならない

　生活保護の引き下げは、生活保護を受給している世帯に影響があるだけでなく、実は、社会一般に広くその影響が及ぶ面があります。そ

れは、**生活保護基準は、**個人住民税の非課税基準、国民健康保険の減免基準、難病法に基づく医療費助成基準、児童福祉法に基づく小児慢性特定疾病医療費助成基準、未熟児の養育医療給付基準、病児・病後児保育の利用料減免基準、障害者総合支援法に基づく自立支援医療利用料の減免基準、介護保険料負担額の減免基準など、**国の制度だけでも 47 の制度と連動しているためです。**生活保護基準は、その意味で、国民の生存権を保障するための**ナショナルミニマム（国民的最低限）**としての意味をもっているといえます。そのことをふまえても、生活保護基準の引き下げは慎重にも慎重を期すべきもので、安易に行われてはなりません。

　現在、日本全国の裁判所では、生活保護の引き下げを違法・違憲として争う裁判が多数提訴されており（「いのちのとりで」裁判）、弁護士や研究者によって、このような憲法違反・条約違反の主張が展開されています。「いのちのとりで」裁判のウェブサイトもありますから、参考にし、集会に出たり、出版物を読んだりして、志を同じくする人たちとつながっていきましょう。

●運用に疑問を感じたら議員などにも相談を

　また、生活保護の運用があまりにもおかしいというときには、国会議員など、議員に相談するという方法もあります。

　例えば、かつては、生活保護受給家庭の子どもが、奨学金を借りたりアルバイトをしたりすると、それを「収入」とみなして生活保護費から差し引くという運用がされていましたが、山本太郎参議院議員（当時）が国会で厚生労働大臣に質問をしたことがきっかけとなって、2015 年 10 月 1 日から、奨学金やアルバイト代を塾の費用や模擬試験費、教材費などに使った場合には保護費の減額はしないという運用

に変わりました（山本太郎著、雨宮処凛取材・構成『僕にもできた！国会議員』筑摩書房、2019年）。

　国会議員も、地方議会の議員も（生活保護費は、4分の3が国費、4分の1が自治体から出ていますから、地方自治体の役割も大切です）、私たちを代表して、私たちの人権を守るための政治を行うことが仕事のはずの人々ですが、私たちが黙って我慢していて声を上げなければ、彼ら／彼女らも国民のニーズも十分にくみ取れません。選挙に行くのはもちろんですが、それだけではなくて、普段からも、こんなことに困っています、という声を、政治家に積極的に届ける努力をしていきましょう。

ポイント

★ 日本では、生活保護を受けられるはずの生活水準の人が実際に生活保護を受給できている割合（捕捉率）はわずか1〜2割。

★ 国が社会保障の水準を後退させることは、憲法や社会権規約、子どもの権利条約に照らして大いに問題。

★ 日本政府が行っている、生活保護を含む社会保障費の大幅削減は、社会権規約委員会から強い懸念が表明され、国連人権理事会の特別報告者からも国際人権法上の義務に反すると批判されている。

★ 生活保護基準は住民税や国民健康保険、医療費、障害者の自立支援、介護保険など多くの制度と連動している、ナショナルミニマム（国が国民に保障すべき最低限の生存水準）というべきもので、安易に引き下げられてはならない。

第3章

女性の権利の保護

性暴力から守られる権利

case 3

会社の上司からセクハラを受け続けた末、レイプ被害を受けた Wさん

学生時代からの友人の Wさん（20代、女性）は、3カ月前に今の会社に入社して以来、勤務している課の上司（50代、男性）によるセクシュアル・ハラスメント（セクハラ）に悩まされてきました。上司は、課の全員が参加することが求められている飲み会の席になると、毎回 Wさんの横に座り、Wさんの体を指して卑猥な冗談をいったり、Wさんの腰に手をあてて撫でたりすることをくり返してきたそうです。

2週間ほど前、運悪く上司と Wさんが出張することになった際、Wさんは、上司が泊まっているホテルの部屋に急いで書類をもってくるようにいわれ、もって行ったところ、ドアを開けるなり部屋の中に引きずり込まれ、怖くて抵抗できないでいる間に、キスをされ、そのままレイプされてしまいました。Wさんはその後、動転しながら自分の部屋に戻り、気持ちが悪いのですぐにシャワーで全身を洗い流してしまいました。

出張から帰って数日たち、Wさんは、上司を強制性交罪で告訴することを考えました。ですが、起訴・有罪判決に至るケースは多くないと知り、また訴えることで生じるさまざまなデメリットもあることを考え合わせると、告訴することが自分にとっていいことなのかどうか、悩んでいます。

◆セクハラは「性暴力」であり、「女性差別」となる人権侵害

　職場などでのセクハラは、日本でも頻繁に起きていますが、日本の法律では対策がまだまだ不十分な人権侵害のひとつです。2018年4月に、福田淳一財務事務次官（当時）が女性ジャーナリストに対してセクハラをくり返していたことが明らかになった際、麻生太郎副総理兼財務相が「（福田氏）本人が否定している以上、断定できない」「（福田氏が女性に）はめられたのではないかという意見もある」「セクハラ罪っていうものはない」などと発言し、5月には政府が、「現行法令において『セクハラ罪』という罪は存在しない」との答弁書を閣議決定するに至った経緯は、記憶に新しいでしょう。

◉セクハラは女性差別にも該当

　麻生副総理は「セクハラ罪というものはない」といいますが、セクハラでも悪質なものは、刑法上の強制わいせつ罪などにあたる場合があります。

　他方で、日本では、セクハラについて、使用者側に対応を義務づけた規定（事業主に対してセクハラの防止及び事後対応の措置を義務づけた男女雇用機会均等法の規定と、省庁について同様の義務を定めている人事院規則の規定）はあるものの、セクハラとなる行為をはっきり定義してこれを「禁止」した法律の明文規定はないのが現状です（そのため、加害者に対しては、民法の不法行為の規定などを使って責任を問うことになります）。

　しかし、セクハラは、人が身の危険を感じることなく安全な環境で仕事や勉強ができることを脅かす暴力的な行為であり、ほとんどもっぱら女性が被害者となる点で、女性差別にもあたります。

女性差別撤廃条約は第1条で、「**女性差別**」を次のように定義しています。

> **女性差別撤廃条約 第1条 【女性差別の定義】**
> この条約の適用上、「女性に対する差別」とは、性に基づく区別、排除又は制限であって、政治的、経済的、社会的、文化的、市民的その他のいかなる分野においても、女性（婚姻をしているかいないかを問わない）が男女の平等を基礎として人権及び基本的自由を認識し、享有し又は行使することを害し又は無効にする効果又は目的を有するものをいう。

　そして、女性差別を禁止する立法その他の措置をとること、個人によるものも含めて女性差別を撤廃するための適当な措置をとることに加えて、女性の権利を法的に保護し、裁判所その他の公の機関を通じて差別行為から女性を効果的に保護することを国に義務づけています。

> **女性差別撤廃条約 第2条 【締約国の差別撤廃義務】**
> 締約国は、女性に対するあらゆる形態の差別を非難し、女性に対する差別を撤廃する政策をすべての適当な手段により、かつ、遅滞なく追求することに合意し、及びこのため次のことを約束する。〔中略〕
> **(c)** 女性の権利の法的な保護を男性との平等を基礎として確立し、かつ、権限のある自国の裁判所その他の公の機関を通じて差別となるいかなる行為からも女性を効果的に保護することを確保すること。
> **(e)** 個人、団体又は企業による女性に対する差別を撤廃するためのすべての適当な措置をとること。

　セクハラは被害者にとって、自分が対等な人間としてではなく単に性的な対象として扱われていることを認識させ、ショックで仕事や学

業の意欲を失うことをはじめ、精神的にも身体的にも大きなダメージを与えます。その意味で、**女性差別撤廃条約第1条にいう「女性差別」**すなわち、女性が平等に基づいて人権を認識・享有・行使することを害する目的又は効果をもつものにあたりえます。

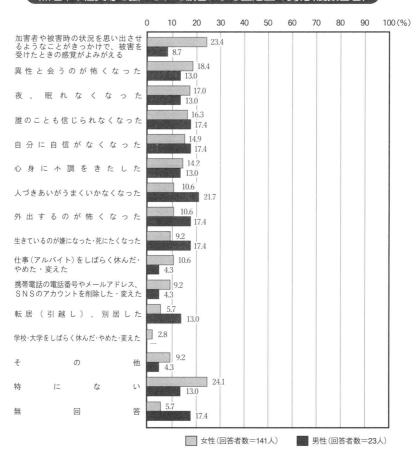

無理やり性交等を強いられた被害による生活上の変化（複数回答）

内閣府男女共同参画局『男女間における暴力に関する調査 報告書』（2019年3月）より

◉個人による女性差別も撤廃することが国に求められている

　実際に、女性差別撤廃委員会は、「**女性に対する暴力**」をテーマとした「**一般的勧告 19**」の中で、セクハラの問題も取り上げ、「女性が、職場におけるセクシュアル・ハラスメントのようなジェンダー特有の暴力を受けた場合、雇用における平等は著しく害される。」「セクシュアル・ハラスメントは、身体の接触及び接近、性的意味合いをもった発言、ポルノの表示及び性的要求（言葉であるか行為であるかを問わない）といった、歓迎されない性的行動を含む。そのような行為は屈辱的でありえ、安全衛生の問題となる可能性がある。そのような行為に異議を唱えることが、採用又は昇進を含む雇用関係において不利益となると当該女性が信じる合理的な理由がある場合、もしくは敵対的な労働環境を創出する場合には、そのような行為は差別となる」としています。

　委員会は、レイプのような極端な形態の性暴力だけなく、セクハラも、女性が女性であるがゆえに被害を受ける「**ジェンダー暴力**」❿の問題として指摘し、実効的な対策を求めているのです。

　セクハラを行っているのが私人（民間人）であるということは、実効的対策のとりくみをしない理由にはなりません。**女性差別撤廃条約は、個人による女性差別をも撤廃するための措置をとることを国に求めているからです。**

・・・ 注 ・・・・・・・・・・・・・・・・・・・・・・・・・・・・・・

❿　「ジェンダー（gender）」とは、身体的な性別（sex）だけでなく、社会的、文化的な要素（例えば、女性はこうあるべきものだというような偏見が入った法解釈）を含めて性にかかわる問題を扱うときに広く用いられる用語です。法学では、「ジェンダー法学会」が結成されているほど、ジェンダーの観点からみた検討が重要になっています。

◆「暴行又は脅迫」があったことを要件とする刑法の強制性交罪の規定、及び、そのために、女性がどれだけ激しく抵抗したかを問う裁判実務の問題

　2017年の刑法改正によって、かつての「強姦罪」は「強制性交罪」になりました。これに伴い、女性だけでなく男性が強制性交の被害者になることもあるとされ、膣性交だけでなく肛門性交や口腔性交も対象になり、被害者の告訴がなければ起訴されない「親告罪」ではなくなる、という重要な変更点もありました。

　しかし他方で、以前の刑法の強姦罪の規定と変わらない点もあります。それは、強制性交罪が成立するためには、「暴行又は脅迫」によって行われたという要件があることです。

●強制性交罪は暴行・脅迫がないと成立しない

　大学の授業などで「どのような行為がレイプになると思いますか？」と聞くと、「同意のない性行為」と答える人が多いのですが、現行の刑法の規定はそうではないのです。同意があったかどうかではなく、暴行又は脅迫があったかどうかが要件なのです。しかも、強制性交罪が成立するために必要な「暴行」とは、判例によって、人の抵抗を著しく困難にするほどのもの、とされ（1958〔昭和33〕年6月6日最高裁判決）、暴行罪が成り立つ場合の暴行よりもさらに高度の、高いハードルになっているのです。

　そのため、日本の刑事裁判では、被害者が「やめて」といいながら相手の手を振り払うなどしていたとしても、ある程度の力の行使は合意の上での性交の場合でもあることで、「抵抗を著しく困難にする程度の暴行を加えて性交に及んだとまでは言えない」などとして強制性交罪が認められず、無罪になることがよくあるのです（日本の刑法の規

定とその適用をめぐるこうした問題については、伊藤和子『なぜ、それが無罪なのか』ディスカヴァー・トゥエンティワン、2019 年が詳しいです）。

　しかし、そこまで強度の「暴行」があったことを要求するのは、性暴力を処罰する上で妥当でしょうか。現実には、そこまでの暴行がふるわれていなくとも、**このケースの W さんのように、急に襲われて驚いたり、怖くて動けなかったりして、思うように抵抗できなかったという場合は多々あります。「抵抗すれば首を絞められるなどして、殺される」と感じ、せめて命だけはという思いで、命がけの抵抗には及ばないこともあるでしょう。**暴行や脅迫があったことを必須の要件とする刑法の規定と、現在通用しているその解釈は、女性が実際に陥る状況を十分に考慮したものとはいえません。

　こうして、現行法上は、W さんの事件がたとえ刑事裁判になったとしても、有罪判決が出る可能性は高くありません。そのために、被害届を出すことすらあきらめ、泣き寝入りしてしまう人は多くいます。

　また、W さんの場合、さらに難しいのは、レイプされた直後に動転してすぐにシャワーで全身を洗い流してしまい、証拠として相手の体液を保存するなどの策をとっていないことです（被害に遭ってしまったら、各都道府県にある「ワンストップ支援センター」など、証拠の採取も含めて、被害直後から性暴力被害者を支援してくれる機関に、なるべく早く相談しましょう）。

◉被害者保護の措置がとられていない

　警察に被害届を出すこともちろんできますが、性犯罪に対する警察の対応はまだまだ決して十分ではありません。多くの場合は男性警察官を相手にして詳細を話さなければならず、ニヤニヤしながら「あなたもヤリたかったんでしょう？」とからかわれたり（米軍兵士による

レイプ被害に遭ったフィッシャーさんの経験。キャサリン・ジェーン・フィッシャー『涙のあとは乾く』講談社、2015年)、「処女ですか？」など自分の性体験について聞かれたり、被害現場の様子を人形で再現することが求められたりといった屈辱的な扱いを受ける（伊藤詩織さんの経験。伊藤詩織『Black Box』文藝春秋、2017年を参照）ことがあるのも、性犯罪の被害者にとっては辛いことです。

　このような日本の刑法規定とその運用の問題は、女性差別撤廃条約上は、女性差別的な法規定や慣行という問題を提起します。

◆性暴力から女性の権利を法的に保護しなかった裁判所の判決も、国の女性差別撤廃条約違反になりうる

　性暴力の被害を訴えた女性に対して公的機関がこのような二次被害（セカンド・レイプとも評されます）を与えることや、裁判所が、「女性はレイプに対して抵抗するものだ」という前提で事件を審理し、激しく抵抗していなければ安易に無罪とするような法適用をすることは、女性差別的な法規定や慣行（条約第2条・f）にあたりうると同時に、女性の権利を法的に保護する義務（条約第2条・c、上述）に照らしても問題です。

> **女性差別撤廃条約 第2条 【締約国の差別撤廃義務】**
> 締約国は、女性に対するあらゆる形態の差別を非難し、女性に対する差別を撤廃する政策をすべての適当な手段により、かつ、遅滞なく追求することに合意し、及びこのため次のことを約束する。〔中略〕
> **(f)**　女性に対する差別となる既存の法律、規則、慣習及び慣行を修正し又は廃止するためのすべての適当な措置（立法を含む）をとること。

　女性差別撤廃条約の個人通報制度では、ＤＶやレイプなど、私人に

よって行われた女性への性暴力の事案が多数ありますが、委員会は、加害者が私人であっても、国の機関（警察や裁判所など）が女性の権利を法的に保護していないと考えられる場合に、国の条約違反を認定しています。

◉私人によるレイプ事件の扱いについて、国の責任を認定

　フィリピンで起こったレイプ事件に関するベルティード対フィリピン事件（通報番号18／2008）は、ベルティードさんが、上司によるレイプ被害を刑事告訴したところ、フィリピンの裁判所が、何年もの間その事件を審理せずに留めおいた上、彼女がその場から本気で逃げようとしていたとは認められない、彼女が本気で抵抗していたならば上司は性行為に及ばなかったであろう、上司もすでに60歳でありそれほどの体力はなかった、などとして無罪判決を出したため、ベルティードさんが委員会に個人通報を出した事案でした。

　女性差別撤廃委員会は、このようなフィリピンの裁判所の判決は、レイプ被害者は必ず抵抗するものだという「レイプ神話」と偏見に基づくものであり、女性差別（委員会の一般的意見19に沿って、女性に対する暴力を含むと解釈される）から女性を法的に保護する国の条約上の義務（第2条・c）を怠っていること、女性差別的な法規定・慣行（第2条・f）にあたることを述べて、フィリピンの条約違反を認定しました（さらに、男女の固定的な役割分担に基づく偏見や慣行をなくすための措置をとる国の義務に関する第5条・aの違反も認定しました）。

◉レイプの定義の見直しなどを勧告

　そして、フィリピンに対して、その事件の被害者に賠償するという個別の救済措置のほかに、事態改善のための一般的措置として、（1）

レイプの訴えに対する司法手続きが遅延なく行われるようにすること、（2）レイプなど性犯罪にかかわる事件の法的手続きが、公平・公正で、偏見や固定的なジェンダー概念に影響されないようにすることなども勧告しました。

　（2）としては、具体的に、①**レイプの定義の見直し**（合意の欠如に焦点をあてること）、②暴力の要件を削除し、「はっきりした自発的な同意」があったかどうか、又は「強制的な状況」で行われたかどうかを基準とする規定にすることによって、裁判手続きにおける被害者の二次被害を最小化すること、③裁判官や弁護士、法執行官（警察など）に対し、女性差別撤廃条約と委員会の一般的意見（とくに一般的意見19）について**研修を行う**こと、④裁判官や弁護士、法執行官、医療関係者に、ジェンダーに配慮したかたちで**性犯罪を理解するための研修**を行うことも勧告しています。本件でフィリピンに出されたこれらの勧告の内容は、日本の現状にもまさに必要とされる事柄でしょう。

ポイント

★ 「セクハラ罪」という罪名こそないが、セクハラは「性暴力」であり、「女性差別」となる人権侵害。

★ 女性差別撤廃条約は、女性差別を禁止する立法その他の措置をとること、女性の権利を法的に保護し差別行為から女性を効果的に保護することを国に義務づけている。

★ 強制性交罪は「暴行又は脅迫」がないと成立しないという要件を設けている日本の刑法規定や、性犯罪被害者に屈辱的な対応をする警察は、女性差別撤廃条約に照らして問題。性暴力から女性を効果的に保護しない裁判所の判決も、国の女性差別撤廃条約違反になりうる。

人権条約に基づく報告制度と個人通報制度

❖人権条約の委員会の「総括所見」や「一般的意見」は、
条約規定とともに、主張に使うことができる

人権条約では、条約に入った国（締約国）が条約を守っているかどうかをチェックするための制度があります。それぞれの条約の下におかれた委員会が、各国が定期的に出す政府報告書を対面で審査する報告制度が、基本的なものです。加えて、オプショナルな制度として、個人が人権侵害について委員会に申し立てできる個人通報制度があります。

報告制度では、委員会は、各国の政府報告書の審査後、その国の人権状況についての懸念事項や勧告を述べた「総括所見」（＝まとめの所見）を出します。

「総括所見」は、委員会が個別の国に対して出すものですが、このほかに、委員会は随時、その条約のすべての締約国に宛てた「一般的意見（条約によっては「一般的勧告」）を出します。例えば、女性差別撤廃条約の委員会は、「女性が、女性であるがゆえに受ける暴力は、女性差別にあたる」という一般的勧告を出しており（一般的勧告 19）、女性差別についての考え方に広く影響を与えています。

いろいろな人権条約の委員会が、日本に対して出した「総括所見」の日本語訳は、外務省ウェブサイトの「人権」のページや、日弁連ウェブサイト「国際人権ライブラリー」などで読むことができます。一般的意見・勧告も、人権団体や研究者の出版物（例えば、女性差別撤廃委員会の一般的勧告については山下泰子ほか編『ジェンダー六法〔第2版〕』信山社、2015 年）などで邦訳されています。

「総括所見」や「一般的意見・勧告」の中には、条約の規定をどう解釈・適用するかについて、参考になる重要な事柄が含まれていますので、裁判でも、当事者は条約の規定と併せて、これらを引用して主張することができます。裁判所も、条約の規定に加えて、これらも考慮に入れて判断を下すことがあります。

最高裁大法廷は、日本国籍の取得について婚外子を差別する国籍法の規定に関する 2008 年の判決と、相続の取り分について婚外子を差別する民法の

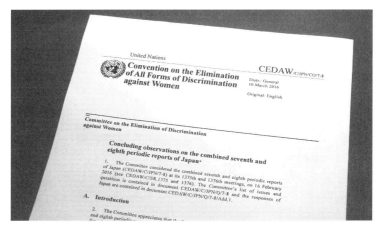
女性差別撤廃条約の委員会が 2016 年に日本に出した総括所見（冒頭部分）

規定に関する 2013 年の決定で、自由権規約と子どもの権利条約には子どもに対するいかなる差別もあってはならないという規定があることも挙げて、それら法律の規定を憲法第 14 条 1 項（法の下の平等）違反と判断しました。**最高裁は、それらの法律の規定が憲法違反という判断をするにあたり、人権条約の規定を参照した**のです。人権条約の人権保障は、憲法による人権保障を補完する、プラスアルファのものと

いえますから、憲法の人権規定を解釈・適用するにあたっても、人権条約の内容を活かすことができるのです（人権条約の趣旨に照らした憲法解釈）。

そして、このうち、**2013 年の決定では最高裁は、自由権規約委員会や子どもの権利委員会が日本への「総括所見」でくり返し、婚外子への相続分差別に対する懸念を述べていたことにもふれた**のです。

❖個人通報制度の先例も、条約の解釈を示すものとして、主張に使うことができる

case3でフィリピンの事例を見たように、国が個人通報制度を受け入れていれば、その国によって人権を侵害されたと主張する個人が、委員会に直接申し立てをすることができます。

個人の国籍は関係なく、その国の「管轄下」にある個人ならよいので、オーストラリアに麻薬を持ち込んだ疑いで逮捕され刑事裁判にかけられた日本人が、通訳の不備などで自由権規約第

14条の「公正な裁判を受ける権利」を侵害されたとしてオーストラリアの人権侵害を申し立てた事案もあります（メルボルン事件）。

　日本は自由権規約の個人通報制度を含め、国連の人権条約にオプションとして備わっている個人通報制度をひとつも受け入れていません。民主党政権の時期には、マニフェストの中に個人通報制度受け入れが挙がっていましたが、実現されないままになってしまいました。

　しかし、**他国に関する個人通報の事案で問題になっている事柄も、日本も入っている人権条約の解釈・適用の問題にほかなりません。**「他国の事案だから関係ない」のではなく、規約の規定がどのように理解されているのかという、条約上の義務にかかわる問題として、日本で起きている人権問題にもあてはめて考えるべきことです。**日本の裁判所での裁判でも、「自由権規約の規定は、委員会によってこのように解釈されている」というかたちで、主張の中で使うことができます。**

　判例でも、例えば、かつて外国人登録法に指紋押捺制度があった頃、日本に定住している在日韓国・朝鮮人までも指紋押捺を強制されることが自由権規約第7条の「品位を傷つける取り扱い」にあたるかどうかが問題となった事案で、大阪高裁が、自由権規約委員会が個人通報制度の事案で「品位を傷つける取り扱い」をどのように解釈しているかを参照して、第7条を解釈したものがあります（1994〔平成8〕年10月28日大阪高裁判決）。

　弁護士の方々には、個人通報制度の先例を含め、国際人権法を勉強されている方も多くいますから、弁護士さんにもぜひ相談してみましょう。

　もし日本でも個人通報制度が使えれば、人権を侵害されたと考える個人は、国内で使える救済手段（裁判など）を尽くした後に、条約の委員会に申し立てを行うことができるので、裁判所にとっても、「日本の裁判所が下した判断は、条約の保障する権利を守るものではなかった」などと後で委員会からいわれないように、人権条約の規定をきちんとふまえた判断をする誘因になるはずです。近い将来、個人通報制度が使えるようになったら、日本の法制度やその運用に対して、国際人権法の考え方を入れて見直すための大きな刺激になるでしょう。

第 4 章

民意を踏みにじって強行される
基地建設に抗議する権利

自己決定権と表現の自由

case 4

沖縄の辺野古新基地建設に反対して抗議運動をし、機動隊員によって強制排除されたUさんと、取材を妨害された新聞記者のRさん

沖縄には、日本にある米軍基地の7割以上が集中しており、米軍の軍人や軍属（基地で働く民間人）によるレイプや殺人などの犯罪も多発しています。1995年に起きた小学生レイプ事件をきっかけに、市街地にある普天間基地を返還する動きが具体化しました。しかし、代替的な基地として、名護市の辺野古に新しく米軍基地を造ることとなり、日本政府によって、美しい海を埋め立てて新基地を造る工事が進められています。

私はUといいますが、沖縄に新たな米軍基地が造られることに反対して、辺野古での抗議運動に参加し、座り込みなどを行っていました。しかし、日本政府が配備した機動隊員によって強制的に排除されてしまいました。

また、抗議の様子を取材していた新聞記者のRさんも、記者の腕章を見せて、取材であることを伝えたにもかかわらず、機動隊員に両腕を掴まれて警察車両に押し込まれ、取材の機会を奪われました。

こうした日本政府のやり方に、私は深い憤りを覚えずにはいられません。

◆沖縄に集中する米軍基地と基地犯罪

　沖縄は、もともと、繁栄した独立国だった**琉球王国**でしたが、明治時代の「琉球処分」により日本に併合され、沖縄県として日本に組み込まれました。

　第2次世界大戦中は、1945年3月に米軍が沖縄の慶良間諸島に上陸して以降、本土防衛の時間稼ぎのため沖縄を「捨て石」にするという日本軍の作戦により、住民を巻き込んだ激しい地上戦の舞台となりました。このときには、日頃から「米軍は獣のようで、住民を皆殺しにし女性を強かんする」「敵の捕虜になる前に自決せよ」と日本軍から教え込まれていた住民たちが、自決するようにとの軍の直接・間接の命令や誘導によって、山中や壕の中で、カミソリや鎌、日本軍から渡された手りゅう弾などを使って家族どうし互いに絶命を図る、いわゆる「集団自決」（その実態は、**強制集団死**）という悲惨な事態も起きました。軍人として日本軍に駆り出された人、米軍の攻撃やこのような強制集団死で亡くなった民間人を含め、沖縄ではこの地上戦によって県民の実に4人に1人にあたる20数万人が命を落としました。

◉戦後も日本国憲法の番外地に

　戦後も、日本はサンフランシスコ平和条約が発効した1952年に独立を回復したものの、沖縄はずっと**米軍の直接統治**下におかれ、1972年にようやく日本に復帰しました。米軍の直接統治時代には、「**銃剣とブルドーザー**」といわれる暴力的なやり方で、沖縄の土地が米軍基地のために次々と収用されました。また、1972年の日本復帰後は、日本国憲法の人権保障が沖縄にも適用されると期待したのもつかの間、本土におかれていた米軍基地の多くが、本土住民の反対運動

を受け、本土から遠い沖縄に移転していきました。この結果、沖縄は、日本の国土に占めるそのわずかな面積にもかかわらず、日本にある米軍基地の7割以上が集中する、「基地の島」になってしまっています。日本に米軍基地がおかれる根拠になっている日米安保条約は、条約上は、**日本と「極東」の平和と安全の維持のために日本に米軍基地をおく、**とした条約です。

しかし**現実には、運用上、米国は日本の基地を、世界中における米軍の軍事戦略のために自由に使っています。ベトナム戦争でもイラク戦争でも、米軍は、沖縄を含め日本各地の基地から自由に出撃していました。**ベトナム戦争では、米国の本格的な軍事介入のきっかけとなった「トンキン湾事件」（米国の軍艦が北ベトナム軍によって攻撃されたというもの）は米国自らがしかけた「やらせ」であったことが後にジャーナリストの調査報道（「ペンタゴン・ペーパー」）で判明しましたし、イラク戦争は、イラクが大量破壊兵器を隠し持っている疑惑があるとして米国と英国が一方的に攻撃した、これも国際法違反の武力行使でした。

そのような無法な戦争に、日本にある米軍基地が自由自在に使われ、イラクに派遣された米兵たちも、どこから来たのかという記者の問いに「オキナワ！　オキナーワ！」と答えているのです。

自分たちの土地を使った基地が戦争のための出撃地点として利用されることへの嫌悪感から、沖縄の人々の多くは、米軍基地に対して否定的な考えをもっています。第2次世界大戦時に戦場となった悲惨な経験からしても、自分たちの土地が使われることで間接的な加害者になりたくないという思いをもつのも当然のことでしょう。

●不公平な在日米軍地位協定

　加えて、駐留する米軍人や軍属が、レイプ、殺人、ひき逃げなどの犯罪をこれまでしばしば起こし（表参照）、しかも、**在日米軍地位協定**によって、そのような犯罪がきちんと裁かれる体制が整っていないことに対して、沖縄の人々は怒りをもっています。

　在日米軍地位協定では、「公務中」に行われた犯罪については米国が１次的な裁判権を、「公務外」に行われた犯罪については日本が１次的な裁判権を持つことになっていますが、「公務中」かどうかを判

【表】日本復帰後の沖縄における米軍人・軍属による主な事件

1972年	8月	宜野湾市で陸軍兵が女性をレイプ、殺害
	9月	キャンプ・ハンセン内で米兵が基地従業員をライフルで射殺
	12月	沖縄市で海兵隊員が女性をレイプ、殺害
74年	10月	名護市で海兵隊員が強盗、女性を殺害
82年	3月	金武町で海兵隊員に殴打された男性が死亡
	7月	名護市で海兵隊員が女性を暴行、殺害
83年	2月	キャンプ・ハンセン内で海兵隊員がタクシー運転手を殺害
85年	1月	金武町で海兵隊員が男性を刺殺
91年	6月	沖縄市で海兵隊員2人が男性を殺害
93年	4月	金武町で海兵隊員が男性を殺害
95年	5月	宜野湾市で海兵隊員が女性を殺害
	9月	米兵3人が12歳の小学生の少女を拉致、レイプ致傷
2000年	7月	海兵隊員が女子中学生にわいせつ行為
01年	6月	空軍軍曹が20代女性をレイプ
03年	5月	海兵隊員が女性をレイプ致傷
08年	2月	海兵隊員が女子中学生をレイプ
12年	10月	海軍兵2人が女性に集団暴行。グアムへ出国直前に逮捕
16年	3月	那覇市でキャンプ・シュワブの海軍兵が観光客の女性を準強かん
	4月	米軍軍属で元海兵隊員がうるま市の20代女性をレイプ、殺害
19年	4月	北谷町で海兵隊員が元交際相手の女性を殺害後、自殺

沖縄県資料、「沖縄タイムス」記事等より作成

断し、証明書を出すのは米国です。また、「公務外」の犯罪であって日本が1次的な裁判権をもつ場合でも、**身柄が米軍側にある場合、起訴されるまでは日本側に引き渡されないという決まりになっています**。日本の警察や検察は米軍基地の中には許可なく立ち入れず、そこでの捜査もできません。このため、米国側が身柄引き渡しを拒否することもありますし、容疑者が基地内に逃げ込み、そのままこっそりと米国本土に逃げ帰ってしまうこともしばしば起きてきたのです。

　1995年の事件は、小学生の女の子が眼にテープを巻かれて、沖縄のキャンプ・ハンセンに駐留する3人の米兵に代わる代わるレイプされるという痛ましいものでしたが、米国は当初、米兵の身柄の引き渡しを拒否しました。沖縄の人々の大規模な抗議運動で、地位協定の内容も問題になりましたが、結局このときも地位協定は改定されず、「重大犯罪の場合は、起訴前の身柄引き渡しに米国が好意的な考慮を払う」という運用改善に合意されただけでした。

　米軍統治下の時代から現在まで、沖縄では、米軍人や軍属によるレイプなどの犯罪が綿々と起き続けています。2016年にも、うるま市で、ウオーキング中だった20歳の女性が元軍属の男性にレイプされて殺され、遺棄される事件が起き、再び大規模な抗議集会が開かれました。

　●**沖縄経済は米軍基地で潤っているという誤解**

　なお、沖縄は米軍基地があることによって働く場所もでき、経済的にはむしろ基地に依存しているのではないか、という声もありますが、それは誤解で、沖縄経済全体に占める基地の貢献度は現在、わずか5％程度にすぎません。

　また、地域でみると、戦後間もない1946年時点で95％、1952年（サンフランシスコ平和条約発効時）でも米軍用地が面積の80％を占めて

いた読谷村では、村役場の職員らや住民が米軍と直接行った粘り強い
返還交渉の結果、2019年にはその率が36％にまで下がりましたが、
返還された土地につくられたホテル（日航アリビラヨミタンリゾート沖
縄、ロイヤルホテル沖縄残波岬、ホテルむら咲むらなど）やビーチ（残波
ビーチ、ニライビーチなど）は多くの雇用を生み出し、農業用につくっ
た県営ダムは花卉や観葉植物、果物（メロンやマンゴー）の生産拡大
に寄与し農家に大きな収入をもたらしています（伊藤塾第20回沖縄ス
タディツアーにおける読谷村平和ガイド小橋川清弘さんの講演、2019年
12月7日）。

　美しい海や森、温暖な気候に恵まれた沖縄が、米軍基地に使われて
いる土地を返還してもらうことができれば、その観光資源をいかに有
効に経済発展に活かすことができるかということを、読谷村のとりく
みの例は見事に示しているのではないでしょうか。

◆辺野古新基地建設に反対する沖縄の民意
——人民の自己決定権

　辺野古での基地建設というのは、そもそもの経緯としては、1995
年に起きた上述の小学生レイプ事件をふまえての沖縄の負担軽減とい
う流れでした。人口が密集する市街地にあり、学校などにも隣接して
いてかねがねその危険性が指摘されてきた普天間飛行場を沖縄に返還
することが提案され、その代替基地を造ることになったのです。民主
党政権時、鳩山由紀夫首相は、それを沖縄県外にしたいという考えを
述べていましたが、結局撤回せざるをえなくなり、辺野古に新しく基
地を造ることが日米政府の間で合意されました。

●県民投票でも7割が新基地建設に反対

しかし、**負担軽減といいながら、美しい海を埋め立てて、軍用機のための滑走路や軍艦のための軍港を新しく造るという辺野古の基地建設は、むしろ沖縄の基地機能を強化するものであり、沖縄の人々の多くは強く反対しています。**

故・翁長雄志沖縄県知事は、2018年8月に病気で急逝するまで、沖縄だけにこのような負担を押しつけるのは許されるのかと、辺野古新基地建設反対を国内外で訴え続けました。翁長知事の逝去を受け、辺野古新基地建設の是非が最大の争点となった2018年9月の沖縄県知事選でも、辺野古新基地反対を掲げる無所属新人の玉城デニー氏が、自民・公明などから推薦を受けた佐喜真淳氏を破って当選しました。辺野古新基地建設をめぐって2019年2月に行われた**県民投票**でも、反対票が7割を占める結果となっています。

翁長雄志知事は生前、国連の人権理事会でも演説して沖縄のおかれた状況について述べ、辺野古基地建設は、**沖縄の人々の自己決定権に**反していると訴えていました。

●国際法で認められている自決権

自己決定権とは、国際法では「**人民の自決の権利（right of self-determination）**」とも呼ばれ、人民（people）が、自分たちの政治的地位や経済的、社会的、文化的発展を自由に追求できる権利です。国際人権規約では、両方の規約に、共通第1条として規定されています。

国際人権規約などの人権条約は、ほぼすべて「個人」の人権について規定していますが、この共通第1条は例外で、「人民」の権利という集団的権利について定めています。このような規定が入ったのは、国際人権規約が起草されていた末期の1960年代当時、欧米諸国がア

ジア・アフリカにもっていた植民地が独立する潮流が広がり、その動きが「人民（民族）自決権」の行使として支持されたことが関係しています。人民としての自決権がなければ、個人の人権も十分に保障されないという考えに基づいています。

国際人権規約 共通第 1 条 【人民の自決の権利】
1 項　すべての人民は、自決の権利を有する。この権利に基づき、すべての人民は、その政治的地位を自由に決定し並びにその経済的、社会的及び文化的発展を自由に追求する。
2 項　すべての人民は、互恵の原則に基づく国際的経済協力から生ずる義務及び国際法上の義務に違反しない限り、自己のためにその天然の富及び資源を自由に処分することができる。人民は、いかなる場合にも、その生存のための手段を奪われることはない。
3 項　この規約の締約国は、国際連合憲章の規定に従い、自決の権利が実現されることを促進し及び自決の権利を尊重する。

　人民自決権は、**植民地**にされていた領域の場合には、そこの人々が独立することを支える基盤となる権利ですが、**植民地の独立という文脈以外では、歴史的・政治的背景や言語、宗教、文化などの観点から特徴をもち「人民」とみなしうる人々が、国内で、自分たちの政治的地位や経済的、社会的、文化的発展のあり方について自らの意思で決められる権利**として援用されます。

●独自の歴史・文化をもって発展してきた沖縄

　沖縄の場合、もともと、琉球王国という独立国として数百年間栄えた歴史をもち、その後日本に併合されてからも、本土の人々からの根強い差別（学校で「方言札」をかけられたなど）、戦争での多大な犠牲、

米軍の直接統治、その後現在に至る米軍基地の集中という独自の経験を経て「**沖縄人（ウチナーンチュ）**」という自己規定意識が培われてきたことからすれば、沖縄の人々が国際人権規約共通第１条にいう「人民」として自己決定権をもっているという考えは十分に根拠があるものです。

◉自己決定権の侵害

現在行われている**辺野古新基地建設工事は、沖縄の人々が、知事選挙や県民投票などを通じて一貫して意思表示をしてきた、これ以上の米軍基地建設の反対、という民意を踏みにじって強行されている、自己決定権の侵害である**といってもよいものです。

戦後の貧しい時期、辺野古の豊かな海がどれだけ魚や貝という自然の恵みを住民に与えてくれたか、海があるからこそ生きてこられた、と辺野古の人々は口々に語っています。そのことを考えれば、そのような海を埋め立てることは、人々にとって、国際人権規約共通第１条の２項にいう「**生存のための手段**」にかかわるともいえます。辺野古新基地建設工事は、絶滅危惧種のジュゴンも含め、各種の魚、サンゴなど豊かな生き物が住んでいる海を埋め立てる、大規模な**環境破壊**行為でもありますが、それは環境破壊であると同時に、住民にとっての生存の手段を奪う意味ももっているというべきでしょう。

◆人権侵害や環境破壊に対して抗議する表現の自由や集会の自由、記者の取材の自由

ｃａｓｅ４のＵさんたち住民は、明らかな民意を無視して強行される工事に対して、抗議の意を示すとともに、その進行をなるべく遅ら

せるべく建設現場で集会を開いたり、座り込みをするなどの活動を行っています。

　表現の自由や集会の自由は、憲法はもちろん、自由権規約でも保障されています。

自由権規約 第19条 【表現の自由】
2項　すべての者は、表現の自由についての権利を有する。この権利には、口頭、手書きもしくは印刷、芸術の形態又は自ら選択する他の方法により、国境とのかかわりなく、あらゆる種類の情報及び考えを求め、受け及び伝える自由を含む。
3項　2の権利の行使には、特別の義務及び責任を伴う。したがって、この権利の行使については、一定の制限を課すことができる。ただし、その制限は、法律によって定められ、かつ、次の目的のために必要とされるものに限る。
(a)　他の者の権利又は信用の尊重
(b)　国の安全、公の秩序又は公衆の健康もしくは道徳の保護

自由権規約 第21条 【集会の自由】
平和的な集会の権利は、認められる。この権利の行使については、法律で定める制限であって国の安全もしくは公共の安全、公の秩序、公衆の健康もしくは道徳の保護又は他の者の権利及び自由の保護のため民主的社会において必要なもの以外のいかなる制限も課することができない。

　これらの規定が示す通り、表現の自由や集会の自由は、むろん無制限ではありません。例えば、一定の民族的出身の人を差別し、生きる権利を否定するような発言を公的な場所で公然と行うヘイトスピーチは、「他の者の権利の尊重」のために制限を受けうるのは当然です。

●平和的な集会の権利を強権的に鎮圧することはできない

　他方で、そのような場合も含めて、**権利の制限は、上記の規定に沿っ
て、①法律で定められ、②他の者の権利の尊重や国の安全など、列挙
された一定の目的のために、③必要なもの**（集会の自由の場合は、「民
主的社会において」必要なもの）**に限られます。**

　辺野古新基地建設現場で、Uさんのように抗議する人々を機動隊員
が強制排除していること、また、海上で抗議するカヌーやボートの人々
を海上保安庁職員が強制排除していることは、①法的根拠としては、
公共の安全と秩序の維持にあたること（警察法第2条）、②目的とし
ては、一応は「公の秩序」（自由権規約第19条3項）のためというこ
とになるのでしょうが、**その強権的な鎮圧方法は、平和的な集会や表
現行動に対するものとしては、自由権規約第19条や21条に照らし
てその「必要」性が疑わしいといえます。**

　とりわけ、自由権規約第21条は「民主的社会において」必要なもの、
という条件を付していますが、Uさんたちが、選挙や県民投票などあ
らゆる方法ですでに民意を表明し、万策尽きる中で現場での抗議活動
を行っているのに対し、**沖縄の人々の明らかな民意を無視して、対話
も行わずに一方的に工事を強行し、そのような抗議活動すら認めず機
動隊を使って鎮圧することは、とうてい「民主的社会において必要」**
とはいえないでしょう。

●取材活動の制限は表現の自由の侵害

　また、新聞記者のRさんが、記者であることを示して取材活動を
しようとしているのに、機動隊員がそれを認めず、暴力的に排除した
ことは、表現の自由からして大きな問題があります。

　憲法上、表現の自由は「知る権利」を含むと考えられていますが、

とくに報道機関の報道は、民主主義の社会においては、国民が国政に関与するにあたって重要な判断の資料を提供し、国民の「知る権利」に奉仕するものとされています（1969〔昭和44〕年11月26日最高裁大法廷決定）。自由権規約第19条も、上記のように、あらゆる情報や考えを求め、受け、伝える権利を明記しています。

　工事の現場で行われている抗議活動と、それが公権力によって鎮圧されている現場を、記者が取材することができなければ、その場にいない国民は、何が起きているのか知ることができません。新聞記者に対するこのような排除行為は、明らかに、表現の自由に関する憲法第21条1項の規定に反すると同時に、自由権規約第19条にも違反するものです。

ポイント

★ 沖縄には在日米軍基地が集中し、米兵による犯罪も多発しているが、在日米軍地位協定のためにそれがきちんと訴追・処罰されにくい構造になっている。

★ 琉球王国という独立国としての歴史をもち、独自の歴史・文化のもとに発展してきた沖縄は、国際人権規約共通第1条にいう「人民」としての自己決定権を持っている。沖縄の人々の民意を踏みにじって強行されている辺野古新基地建設工事は、自己決定権の侵害といえる。

★ 平和的な集会や表現行動を強権的に鎮圧することは、憲法からも自由権規約からも認められない。

★ 新聞記者などの取材活動を警察権力が制限することは、表現の自由を保障した憲法と自由権規約に違反する。

第 **5** 章

差別を受けない権利①

国の法令による差別の違法性

case 5

朝鮮学校が高校就学支援金制度の対象外になっているため、理不尽な差別だと感じている Cさん

　こんにちは。Cといいます。私は、在日朝鮮人3世の両親から、日本で生まれた在日朝鮮人4世で、今17歳の高校生です。普段は家でも日本語を話す日本語ネイティブスピーカーですが、祖先の出身地である朝鮮の言葉を身につけさせたいという両親の考えもあり、小・中・高校とも、朝鮮学校に通ってきました。日本の学校では、朝鮮語を学ぶ機会はないからです。

　学校生活は楽しく充実していますが、高等学校就学支援金の制度（いわゆる「高校無償化法」）から、自分の学校のような朝鮮高校に通う生徒だけ除外されていることを理不尽に感じています。

　学校は財政難のため教室やトイレなどの設備も古く、教育環境は良くありませんし、保護者の経済的負担も大きいのです。また何よりも、インターナショナルスクールなど他の外国人学校もすべて対象になっている中で、朝鮮学校だけが除外されていることが、子どもに対する差別だと思えてなりません。腹立たしくて、悔しくて、悲しいです。

◆外国人学校（「各種学校」）も対象なのに、朝鮮学校だけが除外

　民主党政権時代の2010年4月、いわゆる「高校無償化法」が施行され、公立高校では授業料を徴収せず、私立高校に通う生徒にも公立高校の授業料にあたる額の補助が国庫から支出されることになりました。

　この法律の制定は、教育への公費支出が国際的にみてもきわめて少ない（case1 ですでにふれた通り、OECD が発表する調査結果では、GDPに占める教育への公的支出の割合で、日本は例年、データのある加盟国中で最下位です）日本では、画期的なものでした。

●画期的だった「高校無償化法」

　そして、いっそう画期的だったのは、一般の高校（学校教育法にいう「一条校」）だけでなく、専修学校や、**外国人学校**（学校教育法上は「**各種学校**」）についても対象にしたことでした。

　対象となる外国人学校は、法律の施行規則で、（イ）大使館などを通じて日本の高校に相当する課程であることが確認できるもの、（ロ）国際的学校評価団体の認証を受けているもの、（ハ）その他、高等学校の課程に類する課程として文部科学大臣が指定したもの、とされました。国際的学校評価団体とは、国際バカロレア事務局のようなものを指します。

　しかし、これに基づいて審査が始まったものの、朝鮮学校については、途中で審査が凍結されるなど、結論が先延ばしにされたままでした。そして、2012年12月に自民党政権（第2次安倍内閣）が発足すると、下村博文文部科学大臣は、朝鮮高校は無償化の対象にしないと表明し、翌年には、朝鮮学校を対象にする根拠となる上記（ハ）を施

行規則から削除する省令改正を行ったのです。

　このため、現行法令（「高等学校等就学支援金の支給に関する法律」とその施行規則）の下で、東京横浜独逸学園、東京中華学校、横浜中華学院、東京国際フランス学園、ブリティッシュ・スクール・イン・トウキョウ昭和、東京韓国学校中・高等部、伯人学校イーエーエス、アメリカン・スクール・イン・ジャパン、名古屋国際学校、コリア国際学園など、日本全国の外国人学校全 43 校が、文部科学大臣の指定する各種学校とされ、そこに通う生徒が就学支援金の受給対象になっているのに対し、朝鮮高校 10 校だけは除外されています。

　なぜ、朝鮮学校だけ除外なのでしょうか。日本と北朝鮮の間にまだ外交関係がないからでしょうか。しかし、指定されている中華学校はいずれも台湾系の学校ですが、日本と台湾の間に外交関係がないことは何ら支障になっていません。

　外国人の人権問題に長年とりくんでこられた田中宏さん（一橋大学名誉教授）は、「北朝鮮による拉致被害者家族連絡会」と「北朝鮮に拉致された日本人を救出するための全国協議会」が、連名で「朝鮮学校への国庫補助を拙速に決めることに反対する声明」を 2010 年に発表し文部科学省に働きかけるなど、**朝鮮学校への無償化適用と拉致問題を天秤にかけるような運動が展開されたことで、朝鮮学校が「高等学校の課程に類する課程」に該当するか否かという本来の点が押し流されてしまった**と指摘しています（田中宏「高校無償化からの朝鮮学校除外の問題に関する意見書」李洙任・重本直利編著『共同研究　安重根と東洋平和』明石書店、2017 年）。

　実際、2012 年 12 月 28 日に下村文部科学大臣が記者会見で朝鮮高校除外を明言した際、その理由として、拉致問題に進展がないことなどから、国民の理解が得られないことを述べていました。

◆子どもがいかなる差別もなく教育を受ける権利

　しかし、北朝鮮による日本人拉致問題を理由として、日本に住み教育を受けている子どもたちを、就学支援のための法律の適用対象から除外することは、許されるのでしょうか。

　国際人権規約（社会権規約・自由権規約）や子どもの権利条約では、すべての子どもが差別なく権利を認められることが、明文で規定されています。

社会権規約 第２条 【締約国の実施義務】

１項　この規約の各締約国は、立法措置その他のすべての適当な方法によりこの規約において認められる権利の完全な実現を漸進的に達成するため、自国における利用可能な資源を最大限に用いることにより〔中略〕措置をとることを約束する。

２項　この規約の締約国は、この規約に規定する権利が人種、皮膚の色、性、言語、宗教、政治的意見その他の意見、国民的もしくは社会的出身、財産、出生又は他の地位によるいかなる差別もなしに行使されることを保障することを約束する。

社会権規約 第13条 【教育についての権利】

１項　この規約の締約国は、教育についてのすべての者の権利を認める。〔中略〕

２項　この規約の締約国は、１の権利の完全な実現を達成するため、次のことを認める。〔中略〕

(b)　種々の形態の中等教育（技術的及び職業的中等教育を含む）は、すべての適当な方法により、特に、無償教育の漸進的な導入により、一般的に利用可能であり、かつ、すべての者に対して機会が与えられるものとすること。

> **自由権規約 第24条 【子どもの保護】**
>
> **1項** すべての子どもは、人種、皮膚の色、性、言語、宗教、国民的もしくは社会的出身、財産又は出生によるいかなる差別もなしに、未成年者としての地位に必要とされる保護の措置であって家族、社会及び国による措置について権利を有する。

> **子どもの権利条約 第2条 【差別の禁止】**
>
> **1項** 締約国は、その管轄の下にある子どもに対し、子ども又はその父母もしくは法定保護者の人種、皮膚の色、性、言語、宗教、政治的意見その他の意見、国民的、種族的もしくは社会的出身、財産、心身障害、出生又は他の地位にかかわらず、いかなる差別もなしにこの条約に定める権利を尊重し、及び確保する。

> **子どもの権利条約 第28条 【教育についての権利】**
>
> **1項** 締約国は、教育についての子どもの権利を認めるものとし、この権利を漸進的にかつ機会の平等を基礎として達成するため、特に、
> 〔中略〕
> **(b)** 種々の形態の中等教育（一般教育及び職業教育を含む）の発展を奨励し、すべての子どもに対し、これらの中等教育が利用可能であり、かつ、これらを利用する機会が与えられるものとし、例えば、無償教育の導入、必要な場合における財政的援助の提供のような適当な措置をとる。

　上に掲げたように、自由権規約は、すべての子どもがいかなる差別もなしに、国から保護を受ける権利があることを定めています。

　また、**教育についての権利**は、社会権規約と子どもの権利条約で規定されています。高校は中等教育に含まれますが、これらの条約上、高校の授業料を無償化すること自体は、ただちに要求されている義務

ではなく、国が利用できるすべての資源を使って、漸進的に（徐々に）実現すべきものとされています。しかし、権利の実現にあたって、いかなる差別もあってはならないことは、明文で要求されています。**無償化それ自体はただちに行う義務ではないとしても、国が法律によって無償化を行う以上、その法律は、いかなる差別もなく、すべての子どもの権利を認めなければならないのです。**

そのため、**日本政府が高校就学支援金に関する法令で朝鮮高校のみを排除していることは、「国民的出身」ないし「他の地位」に基づく「差別」にあたり、これらの人権条約上、許されない**といえます。

また、人種差別撤廃条約は、「人種、皮膚の色、世系又は民族的もしくは種族的出身に基づくあらゆる区別、排除、制限又は優先であって、政治的、経済的、社会的、文化的その他のあらゆる公的生活の分野における平等の立場での人権及び基本的自由を認識し、享有し又は行使することを妨げ又は害する目的又は効果を有するもの」を「**人種差別**」とし（第1条）、締約国に対して人種差別行為を行わないことや、人種差別となる法令を改廃することなどを義務づけています（第2条）。

さらに、第5条では、教育を含む文化的権利の享有について、法の前の平等を確保することとしています。

人種差別撤廃条約 第5条 【法の前の平等】

第2条に定める基本的義務に従い、締約国は、特に次の権利の享有に当たり、あらゆる形態の人種差別を禁止し及び撤廃すること並びに人種、皮膚の色又は民族的もしくは種族的出身による差別なしに、すべての者が法律の前に平等であるという権利を保障することを約束する。〔中略〕

(e) 経済的、社会的及び文化的権利、特に、〔中略〕

　(v) 教育及び訓練についての権利

これらの人権条約の委員会はいずれも、日本政府報告書審査後の「**総括所見**」（コラム参照）で、朝鮮学校の子どもたちに対する差別の問題を指摘し、日本政府に対して是正を勧告しています。

●**政治的な理由で子どもの権利を侵害するのは差別**

　拉致は、犯罪行為であると同時に、国際法では「強制失踪」と呼ばれる重大な人権侵害であり、これに関する人権条約（強制失踪条約）もできています。日本政府が北朝鮮による日本人拉致の問題を懸案とし、国交正常化交渉などにおいて取り上げるのは当然のことでしょう。

　しかし、そのことと、日本に住む在日朝鮮人の子どもたちの権利の問題は、まったく別の事柄です。子どもたちが、北朝鮮の政策に関与しうるはずもありません。**政治的な理由で、何の責めもない子どもたちを就学支援金制度の対象から除外することは、国が自ら、法令によって政策的に行う差別であり、子どもに対するあらゆる差別を禁じた人権条約の違反というほかないでしょう。**

◆在日朝鮮人と朝鮮学校

　在日朝鮮人の国籍や法的地位、また朝鮮学校については、よく理解されていない面も多いので、ここで少しふれておきましょう。

　まず、在日朝鮮人は「北朝鮮国籍」だと思っている人が少なからずいますが、それは誤りです。

●「**朝鮮**」籍＝「**北朝鮮**」国籍ではない

　日本は 1910 年から 1945 年まで朝鮮半島全体を植民地にしており、その時代、朝鮮半島の人々は日本国籍でした。しかし、終戦後の

1947年、外国人登録令が施行された際、外国人扱いとなり、朝鮮半島出身者は全員、出身地として「朝鮮」と記載されました。

　戦後日本は米国の占領統治を受けた後、1951年に連合国とサンフランシスコ平和条約を結んで（1952年発効）主権を回復しましたが、日本政府は、同条約には明文規定はなかったにもかかわらず、朝鮮半島の人々は日本国籍を失ったという内部通達を出し、日本国籍を失わせました。これらの人々は、日本政府の解釈によって、一夜にして「外国人」扱いになったのです。

戦後、朝鮮半島では韓国と北朝鮮という二つの国が成立しましたが、日本は韓国と 1965 年に国交を樹立し、このとき、日本に住む韓国民が安定した生活を営めるようにするための協定（「日本国に居住する大韓民国国民の法的地位及び待遇に関する日本国と大韓民国との間の協定」＝日韓法的地位協定）も結びました。

　このため、朝鮮半島出身者の中には、「韓国」籍になった方が日本での法的地位が安定すると考え、韓国の国籍を取得する人が多くいました。他方で、朝鮮半島が分断されたままで韓国の国籍を取ることを快く思わなかったり、軍事政権だった当時の韓国の政権を支持しなかったりなど、自分なりの考えをもって、韓国の国籍を取得しない人たちもいました。その結果、「朝鮮」籍のままになっている人がいるのです。

　このように、「朝鮮」といっても、それは、朝鮮半島出身者すべてに用いられた「朝鮮」という外国人登録上の記載が残っているということであって、国籍が北朝鮮であるということではありません。

●マイノリティが自己の文化や宗教、言語に対してもつ権利

　日本にある朝鮮学校も、北朝鮮が設置した学校ではありません。1945 年の終戦当時、すでに日本の生活の基盤があり朝鮮半島に帰れないなどの理由で日本に残った朝鮮半島出身者は 60 万人くらいいましたが、これら、日本に定住することになった在日朝鮮人 1 世の人々が、子どもたちに朝鮮語や朝鮮の文化を学ばせたいという思いで寺子屋的につくった学校が、朝鮮学校の始まりです。

　外国にルーツをもつ人々が、自分につながる先祖の言葉や文化を学びたい、保持したいと考えるのは当然のことで、それを国は尊重するべきでしょう。まして、在日朝鮮人の人々は、そもそも日本の植民地政策があったために、日本に渡り（炭鉱などに強制連行され強制労働さ

せられた人も多くいましたが、朝鮮で日本政府が行った土地調査事業の結果土地を失ったために仕事を探して日本に来た人や、留学に来た人などもいました）定住することになった人とその子孫なのです。

　自由権規約は、下記のように第27条で、種族的（エスニック）マイノリティ、宗教的マイノリティ又は言語的マイノリティがいる国では、そのようなマイノリティに属する人は、その集団の他のメンバーとともに自分の文化をもち、宗教を信仰・実践し、言葉を使う権利を否定されてはならないことを定めています。

自由権規約 第27条 【マイノリティの保護】
種族的、宗教的又は言語的少数民族（minorities; マイノリティ）が存在する国において、当該少数民族に属する者は、その集団の他の構成員とともに自己の文化を享有し、自己の宗教を信仰しかつ実践し又は自己の言語を使用する権利を否定されない。

　この規定は、そのようなマイノリティが「存在する国において」という規定の仕方になっており、日本政府は当初、日本にはそのようなマイノリティは存在しないという立場を表明していました（1979年に自由権規約を批准した後、1980年に出した第1回の政府報告書）。しかし、自由権規約委員会での報告審査で、委員たちから「日本にはアイヌ民族や在日コリアンがいますよね？」という趣旨の疑問を呈された結果、1987年の第2回政府報告書では若干書き方が変わり、その後**1991年の第3回政府報告書では、アイヌについては本条にいうマイノリティにあたるとはっきり認めました**。他方、在日コリアンについては、日本政府は依然として、本条にいうマイノリティにあたることを公的に認めていません。

●子どもへの公的な差別

戦後、東西冷戦下で北朝鮮と韓国という2つの国ができ、ソ連や中国という共産主義陣営が北朝鮮を、アメリカを中心とした資本主義陣営が韓国を支持する中で、日本が1965年に韓国とだけ国交を結んだことは、上にみたように在日コリアンの人々の状況にも大きな影響をもたらしました。

しかし、大人社会がつくり上げたどのような政治的、社会的情勢も、子どもを差別してよい理由にはなりません。「子どもは子ども」。いかなる差別もなく、平等に、学ぶ権利を認められるべきことは明白です。

国の法令で一部の子どもに対して公的な差別をするということは、子どもにとっての人権侵害であると同時に、そのような差別は許されるという間違った考えを社会に広めることにもなります。このような差別は、一刻も早く是正しなければなりません。

ポイント

★ いわゆる高校無償化に関する法令から朝鮮高校を除外したことは、国による明白な差別行為・人権侵害であり、子どもに対するあらゆる差別を禁じた諸人権条約に違反する。

★ 国際人権規約や子どもの権利条約は、すべての子どもがいかなる差別もなしに国から保護を受ける権利があり、また教育を受ける権利があることを規定している。

★ 国による公的な差別があることは、差別は許されるという間違った考え方を社会に広めることにもなる。一刻も早く是正されるべき。

在日コリアンの人びとの法的地位と人権

❖在日コリアンは、歴史的経緯をもって日本に定住している人びと

case 5のところで述べた、「朝鮮」籍は「北朝鮮」国籍を意味しないことを含め、在日コリアンの人々の法的地位は、日本社会でよく知られているとはいえず、無知ゆえの誤解を受けたり、さらには悪意のこもったデマの対象になったりすることさえあります。ここでは、在日コリアンの人々の法的地位について基本的な知識を押さえておきましょう。

◆ 一夜にして「日本人」から「外国人」になった

先に述べたように、**サンフランシスコ平和条約には規定がないにもかかわらず、日本政府の解釈によって、1945年まで日本の植民地だった朝鮮半島や台湾の人々は1952年の同条約発効をもって日本国籍を失ったとされ、「外国人」扱いになりました。**そして、外国人登録法(当時は「外国人登録令」)による規制対象になるとされたのです。国際慣行では、このような場合には当事者が国籍を選択することが認められるのが通例ですが、日本政府はそのような選択の余地を与えることなく、一方的に国籍を失わせる措置をとりました。

◆ 1991年の入管特例法

他方で、在日コリアンは日本が朝鮮半島を植民地支配していた時代に渡来し、定住することになったという歴史的経緯があるため、1965年に日本が韓国と国交を結んだ際には、先にふれた通り、日本に住む韓国民が安定した生活を営めるようにするための日韓法的地位協定も併せて結ばれました。

さらに、この協定による扱いは1世の在日韓国人とその子(2世)のみを対象とするものだったことから、1991年には、3世以降の代の人の法的地位を定める法律として、いわゆる入管特例法(「日本国との平和条約に基づき日本の国籍を離脱した者等の出入国管理に関する特例法」)が制定されました。

この法律は、「韓国」籍か「朝鮮」籍かによらず、また台湾出身者も対象として、**平和条約国籍離脱者**つまり、サンフランシスコ平和条約によって日本国籍を失ったとされた旧植民地出身者とその子孫が、法務大臣の許可を受けて「**特別永住者**」として日本で永住

できることを定めたものです。

特別永住者は、外国人であることに変わりはないのですが、日本から退去強制になりうる場合が一般の外国人よりも限定されていることや、下に述べる2012年以降の「みなし再入国」制度など、一定の配慮がなされています。

◆さまざまな法律の「国籍条項」

在日コリアンや台湾の人々が「外国人」とされたことは、さまざまな権利の享受において非常に大きな問題を生じました。

例えば、これらの人々の中には、戦争中、日本の軍人や軍属として服務させられた人が多くいましたが、戦後は一転して「外国人」扱いとなったために、恩給法や援護法など、元日本兵やその遺族に対する国の給付を定めた法律の適用からは一切除外されてしまいました。

国民年金法のような社会保障分野の法律の多くも、かつては国籍条項があり、これらの人々は年金にすら加入できませんでした。国民年金法や、児童手当関係の法律の国籍条項が撤廃されたのは、日本が1981年に難民条約に加入し、難民に対しても社会保障に関して自国民と同じ待遇を与える義務を負うことになった翌1982年でした（日

本とのつながりが薄い難民にこれらの権利を認めるのであれば、はるかに長く日本に定住している在日コリアンらの人々に認めない理由はもはやないため）。

◆日本に「入国」したことがないのに、「再入国許可」が必要

また、日本人であれば日本に帰国する権利があり、日本政府は自国民を受け入れなければならないのに対し、外国人の場合にはそのような権利はないと考えられています。外国人は、入管法（出入国管理及び難民認定法）の定めに従って査証（ビザ）や在留資格を得ることによって、日本に入国し在留することができることになります。

在日コリアンの場合、2世以降の人、つまり1世の親から日本で生まれた人は、日本に「入国」したわけではありません。しかし、日本の国籍法は血統主義で、日本で生まれたからといって日本国籍になるのではないので、帰化する（出生後に日本国籍を取得する）か、日本人の親をもって出生したか（女性差別撤廃条約批准に合わせて行われた1986年の国籍法改正で、両系血統主義が採用されたため、父又は母のどちらかが日本国籍であれば生まれた子は日本国籍を取得します）でない限り、何代日本に住もうとも、国籍の面では外国人に

なります。

　自由権規約の第12条4項は、「何人も、自国に戻る権利を恣意的に奪われない」と定めており、自由権規約委員会は、この「自国（his own country）」とは、自分の国籍の国だけでなく、永住者にとっての永住国も含むと解釈しています。しかし、日本政府は、同項にいう「自国」とはあくまで「国籍国」を指すという立場を崩していません。

　日本の入管法上、日本に在留する外国人は、所用でいったん外国に出て、また日本に戻ってくることを希望する場合には、日本出国前に、あらかじめ「再入国許可」を取らなければなりません。そして、日本で生まれ育ち一度も日本に「入国」したことがない2世以降の在日コリアンにも、この制度が適用されてきたのです。

　「許可」ですから、場合によっては、法務大臣の判断で不許可になることがありえます。かつて外国人登録法が、外国人登録証に指紋を押す制度（指紋押捺制度）を定めていた時代には、指紋を押させられるのは犯罪者のようで屈辱的だとしてこれを拒否した人（ピアニストの崔善愛さん）に対し、法務大臣が再入国許可を出さず、崔さんは日本に帰ってこられる保証がないままアメリカ留学に向かわざるをえませんでした（外国人登録法は2012年に廃止され、外国人登録証にあたるものとして「在留カード」が発行されることになりました）。

　日本で生まれ育ち、日本にしか生活の本拠がない人に対し、指紋押捺（身分証明書である当時の外国人登録証に指紋を押すというこの制度自体、歴史的経緯をもって日本に永住している在日コリアンの人々にとっては屈辱的であり、自由権規約第7条の禁ずる「品位を傷つける取り扱い」にあたりうるものです。そのことを認めた1994〔平成8〕年10月28日の大阪高裁判決も参照）に応じないことを理由に、それを報復的に用いて、日本に帰ってくる権利を認めないことは、自由権規約第12条4項にいう「恣意的」な権利制限にあたるでしょう。

　最近の入管法改正でようやく、2012年から**「みなし再入国」**制度が導入され、特別永住者が出国後2年以内に再入国する意図を表明する場合は、許可申請が原則として不要になりました。

❖人権条約機関の総括所見

　さまざまな人権条約の委員会は、日本で在日コリアンの人々が直面している人権問題をしばしば取り上げ、日本政府に対する懸念と勧告を示してきま

した。

　case5でみた、高校就学支援金制度からの朝鮮学校の除外については、人種差別撤廃委員会はすでに2010年、第3回～第6回政府報告書審査（まとめて行われました）後の総括所見で、「子どもの教育に差別的な効果をもたらす行為」について懸念を表明する中で、「締約国において現在、公立及び私立の高校、高等専門学校、高校に匹敵する教育課程をもつさまざまな教育機関を対象とした、高校教育無償化の法改正の提案がなされているところ、そこから朝鮮学校を排除するべきことを提案している何人かの政治家の態度」が人種差別撤廃条約第2条と5条に照らして問題であると懸念していました。そして、**教育機会の提供において差別がないことを確保することや、マイノリティが自己の言語を用いた教育を受ける十分な機会を提供すること**を日本政府に勧告しています（UN Doc.CERD/C/JPN/CO/3-6, para.22. 日本語訳は反差別国際運動日本委員会〔IMADR-JC〕編『今、問われる日本の人種差別撤廃─国連審査とNGOの取り組み』解放出版社、2010年）。

　制定された法令では実際に朝鮮学校が排除されることとなり、人種差別撤廃委員会はその後もくり返し、差別の是正を日本政府に求めています（第7回～第9回日本政府報告書審査後の総括所見＝ UN Doc.CERD/C/JPN/CO/7-9, para.19. 日本語訳は反差別国際運動日本委員会（IMADR-JC）編『レイシズム　ヘイト・スピーチと闘う─2014年人種差別撤廃委員会の日本審査とNGOの取り組み』解放出版社、2015年）。

　また、社会権規約委員会は2013年に行われた第3回日本政府報告書審査後の総括所見で、「締約国の公立高校授業料無償制・高等学校等就学支援金制度から朝鮮学校が排除されており、そのことが差別を構成していることに懸念を表明する」とし、**差別の禁止は教育のすべての側面に完全かつただちに適用され、すべての国際的に禁止される差別事由を禁止の事由に包含することを想起し、締約国に対して、高等学校等就学支援金制度は朝鮮学校に通学する生徒にも適用されるよう要求する**」としました（UN Doc.E/C.12/JPN/CO/3, para.27. 日本語訳は日本弁護士連合会『社会権規約委員会　総括所見の活かし方と今後の課題─第3回日本政府報告書審査をふまえて』2015年）。

case 6

夫婦別姓が認められていないため、夫の姓に改姓せざるをえなかったが、社会生活上の不利益や自己喪失感に苦しんでいるFさん

　私はFといいます。結婚前の氏名は、「藤本協子」でした。自分の名前が気に入っていましたし、大学に就職して仕事上の人間関係や業績も築き、一生この名前で生きていきたいと願ってきました。

　ところが、結婚することになり、日本では法律で夫婦別姓が認められていないため、悩んだ結果、夫の姓に変えることになりました。夫は、自分が「藤本」姓にしてもよいといってくれたのですが、夫の両親が、「うちの息子は長男なのに、とんでもない。うちの家名はどうなるのか」と反対したため、そうせざるをえなかったのです。

　しかし、戸籍名が変わることで、免許証やパスポートなど公的書類の名義変更に相当な時間と費用がかかりました。職場によっては旧姓使用を認めるところも多いようですが、私の勤める国立大学では戸籍名が原則です。私は旧姓で本や論文も出版してきたのですが、その名前と改姓後の名前について学生などにもいちいち説明しなければならないわずらわしさや、元の自分がどこかに行ってしまったような自己喪失感にも苦しんでいます。

◆夫婦別姓を認めない日本の民法

　婚姻について定める日本の民法は、第750条で「夫婦は、婚姻の際に定めるところに従い、夫又は妻の氏を称する」と規定しています。

　相手の姓が自分の姓よりも好きだという場合など、結婚に伴い、相手の姓に喜んで改姓する人もいるでしょう。例えば、有名なシンガー・ソングライターのユーミンは、「松任谷」という姓は格好いいと思い、結婚して「荒井由実」から「松任谷由美」になるのがうれしかったそうです。そのような場合は、民法の規定はとくに問題にはならないでしょう。しかし問題は、改姓をしたくない場合です。

　民法の規定は、結婚のときに、夫婦が、夫の氏にするか妻の氏にするかを決めてそれに従うことを定めたもので、別に「夫の氏にせよ」といっているわけではありません。

　しかし実際には、日本では、結婚すると妻が「夫の家」に入るものという家父長制の考えがあった戦前の時代の名残りもあり、「妻が夫の氏にすることが当然だ」という考えを女性自身がもっていたり、そうでなくてもそのような社会的なプレッシャーを女性が受けたりする現状があります。このケースの藤本さんのように、夫本人は柔軟な考えをもっていても、夫の両親の反対に遭い、円満に結婚するために女性の側があきらめざるをえなくなることも少なくありません。その結果、**日本では実に96％以上の夫婦が、夫の氏に統一しています。**

　逆に、女性やその両親の側が、自分たちの氏にしてほしいという考えをもつ場合もあります。そのような両親が娘に対して、「あなたのことを本当に愛してくれるんだったら、そのくらい受け入れてくれるはずじゃないの？」と迫るなどして、カップルの関係がぎくしゃくし

てしまったという実例もあります。愛し合って結婚しようとしているカップルが、なぜ、別姓を認めないという硬直的な法規定のせいで揉めなければいけないのでしょうか。

◉改姓で社会的な関係や業績への不利益も

やむをえず夫の姓に改姓した女性の中には、このケースのFさんのように、各種の公的書類の名義変更にかかる手間暇や費用（そのために有給休暇をあてざるをえない人も多くいます）に加え、名前が変わったことを説明しなければならないことをわずらわしく感じる人もいます。結婚したということも、伝えたい相手もいるでしょうが、それほど親しくない人にまでいちいちいうことになるのは、プライバシー上問題だと感じる場面もあるでしょう。

また、**改姓した人にとってとくに不利益が生じうるのは、旧姓で築き上げてきた社会的な関係や業績にかかわる事柄です。**Fさんのように、旧姓で学問上の業績を発表してきた人の場合、仮に出版の際にはこれからもペンネームとして旧姓を使い続けるとしても、それが改姓後のFさんと同一人物だということは、事情を知っている人でなければわからなくなります。

そのような状況は、個人の名前で業績を築いていく研究者にとっては重大な不利益であり、**人格権**（個人の尊重を定めた憲法第13条で保障されると考えられています）を侵害するものともいえるのではないでしょうか。

◉憲法第13条、24条違反として提訴した裁判

夫婦別姓を認めない民法の規定は、**個人の尊重**（第13条）や**両性の平等**（第24条）を保障した憲法違反であるとして提訴した裁判で、

原告の塚本協子さんや小国香織さんらは2015年11月、最高裁での弁論で、別姓が認められていないことによる不利益や、個人としての人格を失ったような苦しみを切々と語っていました（本ケースのFこと「藤本協子」さんのお名前は、「塚本協子の名前で生き、死にたい」と常々おっしゃり、法廷闘争の後、2019年に他界された塚本さんに敬意を表して、お名前を一部使わせていただいたものです。Fさんが直面した問題に関する記述は、他の原告の方や、同様の問題に悩んでいる方々の主張をくみあわせて作成しました）。

　塚本さんたちの起こしたこの裁判で、最高裁大法廷は2015年12月15日、民法第750条の規定は憲法違反ではないという判決を下し、その理由として、夫婦同姓が日本社会で広く定着していることや、通称として旧姓の使用が職場などで広く認められているため不便さは相当程度解消できることを挙げました。

　しかし、夫婦同姓が広く定着しているといっても、それは、いやいやながら改姓せざるをえず、改姓をしたけれどもその結果さまざまな不利益に苦しんでいる人（主に女性）が少なからずいる事実を軽んじた見方ではないでしょうか。

●**法制度によって不利益が生じる理不尽**
　また、通称として旧姓使用が認められているといっても、公的書類ではあくまで戸籍名が使用されるため、公的書類上の戸籍名と、通称とが異なり、それによる混乱が生まれることは避けられません。

　それはとくに、日本のこのような制度（夫婦同氏の強制と、通称使用の一般化）が理解されない外国において生じます（夫婦同氏を強制している国は日本以外に見当たらないと、法務省も調査の結果認めています）。**パスポートは戸籍名であるのに、名乗っている名前（研究者としての**

名前など、社会的に使っている名前）が異なることは、海外出張などの際に、空港やホテルなどでトラブルになりえます。

　パスポートに関しては、現在、運用として、戸籍名の後にカッコ書きで通称を入れることが認められていますが、それもまたややこしく、トラブルの原因になりえます。諸外国のように、旧姓と婚姻姓をハイフンで結んで正式な姓にするのとは異なるからです。カッコ書きで旧姓を併記しても、「戸籍名と異なる」ことには変わりありません。「あなたは本当に同一人物ですか。本当の名前は何ですか」と、問い質されることになりうるのです。

　自分で望んでそのようにしているわけではなく、法制度上仕方なく改姓したためにそうせざるをえなかったのに、まるで書類をごまかしているかのように問いただされ、説明のために時間やエネルギーをとられるのは、何と不合理なことでしょうか。

　2015年12月15日の最高裁大法廷判決では、多数意見は「合憲」でしたが、「違憲」とする反対意見も付されていました。とくに、3人の女性判事が3人とも「違憲」とする意見を書いていたことは、現行の法制度が女性差別的なものになっていることを示すものともいえるでしょう。

◆女性差別撤廃条約は、女性差別的「効果」をもつ法規定も改廃を求めている

　2015年12月15日の判決で、最高裁の多数意見は、日本が批准している人権条約である女性差別撤廃条約にまったくふれませんでした。しかし、女性差別撤廃条約の規定をふまえれば、夫婦別姓を認めない民法の規定はこの条約の諸規定に反すると考えられます。

女性差別撤廃条約は第1条で、「女性差別」を次のように定義しています。

女性差別撤廃条約 第1条 【女性差別の定義】

この条約の適用上、「女性に対する差別」とは、性に基づく区別、排除又は制限であって、政治的、経済的、社会的、文化的、市民的その他のいかなる分野においても、女性（婚姻をしているかいないかを問わない）が男女の平等を基礎として人権及び基本的自由を認識し、享有し又は行使することを害し又は無効にする効果又は目的を有するものをいう。

　人種差別撤廃条約第1条にいう「人種差別」の定義にも共通しますが、この定義では、①性に基づく区別や排除、制限であって、②女性が平等に人権を享有・行使することを妨げる③効果又は目的をもつもの、として、差別の「効果」をもつものも差別に含めています。つまり、女性を差別することをそれ自体目的としているもの（**直接差別**）でなくとも、そのような効果をもつもの（**間接差別**）も差別とみなす、ということです。

◉締約国は差別撤廃義務を負っている

　また、女性差別撤廃条約は、次のように、女性差別となる法律を改廃する措置をとることを国に求めています。

　婚姻や家族関係における差別撤廃についての規定もあり、姓を選択する同一の権利の保障についても明文規定があります。

> **女性差別撤廃条約 第２条 【締約国の差別撤廃義務】**
>
> 締約国は、女性に対するあらゆる形態の差別を非難し、女性に対する差別を撤廃する政策をすべての適当な手段により、かつ、遅滞なく追求することに合意し、及びこのために次のことを約束する。〔中略〕
>
> **(f)** 女性に対する差別となる既存の法律、規則、慣習及び慣行を修正し又は廃止するためのすべての適当な措置(立法を含む)をとること。

> **女性差別撤廃条約 第16条 【婚姻・家族関係における差別撤廃】**
>
> **１項** 締約国は、婚姻及び家族関係に係るすべての事項について女性に対する差別を撤廃するためのすべての適当な措置をとるものとし、特に、男女の平等を基礎として次のことを確保する。
>
> **(a)** 婚姻をする同一の権利
>
> **(b)** 自由に配偶者を選択し及び自由かつ完全な同意のみにより婚姻をする同一の権利 〔中略〕
>
> **(g)** 夫及び妻の同一の個人的権利 (姓及び職業を選択する権利を含む)
>
> 〔後略〕

　日本の民法第750条は、法文上は、女性を直接に差別するものではありませんが、妻が夫の家に入るという家父長制的な考えがまだ根強く残る日本社会では、圧倒的多数のカップルで妻が夫の姓に変えざるをえなくなっている点で、**女性差別撤廃条約第１条にいう、女性差別的な「効果」をもつ法規定**とみることができます。条約第２条・ｆの義務をふまえ、国は、このような差別的な法規定を改廃することが求められます。

　また、女性差別撤廃条約第16条１項の規定に照らしても、夫婦別姓を認めず、圧倒的多数のカップルにおいて女性に改姓を強いている民法第750条の問題は明らかです。**第16条１項・ｇは姓を選択する**

同一の個人的権利を夫と妻に確保する義務を国に課していますが、民法第750条の適用はそのような同一の権利を確保するものになっていません。さらに、不本意ながら夫の姓に改姓して婚姻せざるをえない女性が多数いることからすれば、「婚姻をする同一の権利」（第16条1項・a）、自由かつ完全な同意のみによる婚姻をする同一の権利（第16条1項・b）も、侵害されているといえます。

●女性差別撤廃委員会は日本政府に勧告している

女性差別撤廃委員会は、日本政府報告審査後の「総括所見」で、民法第750条を改正し夫婦別姓を認めるべきことについて、くり返し日本に勧告しています。

このような女性差別撤廃条約の規定、また委員会の総括所見からすれば、最高裁は、民法第750条の規定は女性差別撤廃条約のこれらの規定に反すると判断することもできたでしょうし、直接に条約に反するといわないとしても、少なくとも、「女性差別撤廃条約の趣旨をふまえて憲法の人権規定（第13条や24条）を解釈すれば、憲法違反といえる」という判断ができたはずです。

ポイント

★ 夫婦同氏（姓）を強制している国は世界で日本以外にない。

★ 夫婦別姓を認めない日本の民法は、女性差別撤廃条約の諸規定に反する。

★ 女性差別撤廃委員会も、民法第750条を改正し夫婦別姓を認めるべきだとくり返し日本に勧告している。

コラム③

人権条約に沿った国内法整備

　人権条約は、国際法上、国が負う約束であり、また日本は憲法でも条約の誠実な遵守を掲げています。日本では、条約は法律よりも上の地位をもちますから、**国が人権条約に入ったことにより、その内容と合わない法律の規定を改正したり、また、新たに法律を制定したりする必要が生じることがあります。**人権条約はそのようなかたちで、日本の国内法にも大きな影響を与えてきました。

◆難民条約加入後に進んだ社会保障制度からの国籍条項の撤廃

　例えば、1981 年に**難民条約**に加入した際には、難民条約が、社会保障について難民に自国民と同じ待遇を与えることと規定しているため、国民年金法や、児童手当関連の 3 つの法律にあった**国籍条項**を撤廃し、日本に住んでいる外国籍の人にも年金や児童手当の門戸を開きました（日本とのかかわりが薄い難民にこれらの社会保障を認めるのであれば、定住外国人に認めない理由はないため）。

　また、それまでは、難民を認定する手続きも整備されていなかったので、難民条約の加入に伴って、かつての入管法が、「出入国管理及び難民認定法」として改正され、難民認定の手続きがおかれました。

◆女性差別撤廃条約の批准によって国籍法の変更と、雇用機会均等法が成立へ

　1985 年に**女性差別撤廃条約**を批准した際には、この条約が、子どもの国籍について男女平等にすることを定めているために、国籍法が男系血統主義（父が日本国籍の場合のみ、生まれた子は日本国籍を取得する）から**両系血統主義**（父又は母どちらかが日本国籍であれば、生まれた子は日本国籍を取得する）に改正されました。こんにち日本でも国際結婚のカップルが増え、統計上、20 組から 25 組に 1 組は国際結婚になっていますが、その子どもたちは、父・母どちらが日本人であっても、生まれながらにして日本国籍を得られるようになったのです（1986 年施行）。

　女性差別撤廃条約は、雇用に関する平等な機会を女性に与えることを定めているため、**雇用機会均等法**の成立に

もつながりました（1986 年施行）。

　また、日本は 1994 年に**子どもの権利条約**を批准し、その後 2005 年には児童売買・児童買春・児童ポルノに関する子どもの権利条約の選択議定書（「議定書」は、付属の条約によくつける名称です）も批准していますが、児童買春・児童ポルノ行為処罰法の制定はこれを背景としたものです。

　より最近の条約では、日本が 2014 年に批准した**障害者権利条約**は、障害者の社会参加に関する新しい考え方（従来の「医学モデル」〔障害者がリハビリなどによって障害を治療すべきとの考え方〕から、「社会モデル」〔社会の方が、障害者の社会参加の障壁を減らす措置をとるべきとの考え方〕への転換）に立ち、「**合理的配慮**」の提供について定めていますが、その内容は、2016 年に施行された障害者差別解消法に盛り込まれています。

◆求められる実効的な法律の整備

　ただし、**人権条約に沿った国内法の整備は、条約批准・加入時に限られるものではありません**。当初は努力義務規定が多く「ザル法」といわれた均等法が、その後何回か改正・強化されたことや、児童買春・児童ポルノ行為処罰法が、児童ポルノの単純所持も禁じるように改正されたことからもわかるように、**実効的な法律の整備は、継続的な課題です**。ｃａｓｅ６でみたように、**夫婦別姓を認めない民法の規定は、実態として、圧倒的多数の女性が改姓せざるをえない状況を生んでおり、姓を選択する平等の権利を認めた女性差別撤廃条約にも反するため、早急に改正が求められます**。

第 **6** 章

差別を受けない権利②

社会生活上の差別を争うには

case 7

「外国人お断り」の貼り紙を出している公衆浴場で、入場拒否をされたDさん

　アメリカ国籍で、日本に住んでいるDです。外国人の友達を連れて、天然温泉に入れる公衆浴場Oを訪れました。ところが、その浴場には入口に「JAPANESE ONLY 外国人お断り」の貼り紙が。店主に聞いたところ、以前に外国人客を受け入れたところ、入浴マナーが悪い、体臭が強いなどとして日本人客からクレームがあったため、外国人客は入場不可にしたとのことでした。私たちは、日本のお風呂のマナーは知っているので問題はないはずだといって交渉しましたが、入場を拒否されました。

　私はその後、帰化によって日本国籍を取得したので、日本国籍を明記した運転免許証をもって、再度Oに行ってみました。しかし、「日本国籍になったのはわかるが、やはり、外見は依然として外国人なので、入場させるわけにはいかない」といわれ、入場を拒否されてしまいました。こんな差別が許されていいのでしょうか？

◆社会生活における人種差別を禁止する法律がない日本

　このケースは、北海道の小樽市内で実際に起こった、公衆浴場での入場拒否の事件を元にしたものです。David Aldwinckle さんは、ドイツ人の友人たちと公衆浴場に行ったところ、「JAPANESE ONLY 外国人お断り」の貼り紙を出している浴場によって入場を拒否されました。そしてその後、帰化して日本国籍を取り、「有道 出人（アルド デビド）」という戸籍名になって、運転免許証をもって再びその公衆浴場に行ったところ、外見はやはり外国人だとして、また入場を拒否されたのです。

　公衆浴場Oがそのような貼り紙を出して外国人客を締め出すようになったのは、どうやら、小樽に寄港するロシアの漁船の船員が、大挙してOのような公衆浴場に来店し、日本のお風呂の入り方（先に体を洗ってから湯船に入る）がわからずに湯船に入ってしまう、体臭も強い、といった苦情が日本人客から寄せられたことがきっかけのようでした。

　しかし、公衆浴場側は、入浴マナーに関しては、必要であれば注意をし、どうしても従わない場合には退去を求めるなどの措置をとることはできるでしょうが、体臭がするということを入場拒否の理由にはできないでしょう。まして、「JAPANESE ONLY 外国人お断り」という貼り紙を出して外国人を一律に入場不可とするのは、行き過ぎといえます。

　人種差別撤廃条約は、第1条で「人種差別」を次のように定義した上で、国の機関が人種差別をしない義務だけでなく、個人や団体による人種差別をも禁止する義務を国に課しています。

> **人種差別撤廃条約 第1条 【人種差別の定義】**
>
> **1項** この条約において「人種差別」とは、人種、皮膚の色、世系又は民族的もしくは種族的出身に基づくあらゆる区別、排除、制限又は優先であって、政治的、経済的、社会的、文化的その他のあらゆる公的生活の分野における平等の立場での人権及び基本的自由を認識し、享有し又は行使することを妨げ又は害する目的又は効果を有するものをいう。

> **人種差別撤廃条約 第2条 【締約国の差別撤廃義務】**
>
> **1項** 締約国は、人種差別を非難し、また、あらゆる形態の人種差別を撤廃する政策及びあらゆる人種間の理解を促進する政策をすべての適当な方法により遅滞なくとることを約束する。このため、〔中略〕
>
> **(d)** 各締約国は、すべての適当な方法（状況により必要とされるときは、立法を含む）により、いかなる個人、集団又は団体による人種差別も禁止し、終了させる。

◉「あらゆる公的生活」で差別撤廃の義務

　第1条にいう「**公的生活（public life）**」の分野とは、外務省もウェブサイトで説明している通り（「人種差別撤廃条約 Q&A」http://www.mofa.go.jp/mofaj/gaiko/jinshu/top.html）、「企業の活動等も含む人間の社会の一員としての活動全般を指すもの」、「つまり……純粋に私的な個人の自由に属する活動を除いた、**不特定多数の者を対象とするあらゆる活動を含むもの**」と理解されます。

　人種差別撤廃条約が、「あらゆる公的生活の分野」における人種差別の撤廃について定めていることは、条約の第5条が、第2条の基本的義務に従い、とくに次の権利の享有にあたり、あらゆる差別を禁止し撤廃することとして、経済的、社会的及び文化的権利や、一般公

衆の利用に開かれた場所やサービスを利用する権利を含む幅広い権利について規定していることからもわかります。

> **人種差別撤廃条約 第5条 【法の前の平等】**
> 第2条に定める基本的義務に従い、締約国は、特に次の権利の享有に当たり、あらゆる形態の人種差別を禁止し及び撤廃すること並びに人種、皮膚の色又は民族的もしくは種族的出身による差別なしに、すべての者が法律の前に平等であるという権利を保障することを約束する。〔中略〕
> **(e)** 経済的、社会的及び文化的権利、特に〔中略〕
> 　**(iii)** 住居についての権利〔中略〕
> **(f)** 輸送機関、ホテル、飲食店、喫茶店、劇場、公園等一般公衆の使用を目的とするあらゆる場所又はサービスを利用する権利

第5条・fに輸送機関やホテル、飲食店などが挙げられているのは、黒人差別が横行していた公民権運動までの時代のアメリカや、アパルトヘイト法制があった頃の南アフリカでは、白人専用のバスに黒人は乗れず、ホテルや飲食店などでも黒人はあからさまに差別待遇を受けていたことからも理解できます。

公衆浴場は、この第5条・fにいう「一般公衆の使用を目的とする場所」にあたるといえるでしょう。経営者が私人であっても、国は、条約上の権利を保障するための措置をとることが求められるのです。
eのiiiには「住居に対する権利」が含まれていますが、日本でよくみられるアパートやマンションを借りる際の外国人差別も、この規定に照らせば問題となります。

●人種差別を禁止するためには国内法の整備が必要

人種差別撤廃条約は第2条1項・dで、国は個人や集団、団体によ

る人種差別も「禁止し、終了させる」ことを義務づけています。条文上は、立法は必須の義務とはなっていませんが、**社会生活において本条約の定める人種差別を本当に「禁止し、終了させる」ためには、何が禁止される人種差別かをはっきりと定義し、人々の行動の指針となる「人種差別禁止法」のような法律をつくることがもっとも効果的です。**

　しかし、日本は、人種差別撤廃条約を批准する際、条約の国内実施のための法整備の必要はなく、既存の法律で実施できるとして、立法措置をとりませんでした。そのため、このＤさんのようなケースで、「人種差別禁止法に反する」と主張する根拠になる具体的な法律は日本になく、差別をした店主を相手取って裁判するとしたら、使えるのは既存の民法の規定くらいしかありません。

　憲法には、第14条１項に、「すべて国民は、法の下に平等であって、人種、信条、性別、社会的身分又は門地により、政治的、経済的又は社会的関係において、差別されない」という法の下の平等の規定があり、ここには人種差別も含まれています。ただし、憲法は、直接的には、国務大臣や国会議員、裁判官などの公務員を拘束するもの（第98条）とされているので、公衆浴場の店主のような私人に対して、「憲法第14条１項を守れ」という直接の根拠としては使いにくいのです。

　また、人種差別撤廃条約のような人権条約は、締約国に対して条約に定める権利を守るよう義務づけるものですから、やはり、私人に対して直接に「条約違反」を主張することは困難です。

　他方で、憲法や人権条約の規定が使えないわけではもちろんなく、**私人を相手取った裁判でも、以下に述べるように、憲法や人権条約の規定を積極的に援用して、その趣旨を活かした主張をすることが可能です。**

◆民法の「不法行為」を使った裁判で、人種差別撤廃条約の規定を引いて主張することができる

　日本には、法律のレベルで人種差別を明文で禁止したものがないため、Dさんが受けたような差別について、差別をした人を相手取って裁判で争うとすれば、民法の不法行為の規定（第709条）を使うのが主な形になります。第709条は、「故意又は過失によって他人の権利又は法律上保護される利益を侵害した者は、これによって生じた損害を賠償する責任を負う」という規定です。

　憲法は、直接的には、国会議員や国務大臣など、公権力をもつ人を拘束する法規です。しかし、私人間の関係でも、憲法第14条に反する人種差別はあってはならないことを憲法は求めている、と考えれば、間接的な形で活かすことができます。

　また、人種差別撤廃条約は、上記の通り、何が人種差別かを定義した上で、個人や集団による人種差別も国が禁止する義務を定めているほか、条約に反する人種差別に対して裁判所による救済を求める権利を国が確保することを定めています（第6条）。

人種差別撤廃条約 第6条 【人種差別に対する救済】

締約国は、自国の管轄下にあるすべての者に対し、権限のある自国の裁判所及び他の国家機関を通じて、この条約に反して人権及び基本的自由を侵害するあらゆる人種差別の行為に対する効果的な保護及び救済措置を確保し、並びにその差別の結果として被ったあらゆる損害に対し、公正かつ適正な賠償又は救済を当該裁判所に求める権利を確保する。

●人種差別撤廃条約に照らし人種差別を認定

　有道出人さんの事件で、裁判所は、憲法や、差別を禁じた自由権規約第 26 条のほか、人種差別撤廃条約に照らして法解釈を行い、**浴場の店主側の行為は、私人間においても撤廃されるべき人種差別にあたり不法行為になる**と認めて、損害賠償の支払いを命じました。

　裁判所は、憲法やこれらの人権条約は、私人間の関係に直接適用されるものではないけれども、私人の行為によって他の私人の基本的自由や平等が侵害され、それが社会的に許容しうる限度を超えるときは、不法行為のような民法の一般規定を通してそのような行為を違法として権利保護を図るべきであるとし、その際、**憲法や人権条約は、民法の規定の解釈にあたっての基準になる**、としたのです（2002〔平成 14〕年 11 月 11 日札幌地裁判決）。

　そして、注目されるのは、この判決で裁判所が、有道さんが日本国籍を取得してから訪れた際にも再び入場を拒否されたことに着目したことです。

●民族的・種族的出身による差別は人種差別

　有道さんは、日本国籍であり「外国人」ではなくなったにもかかわらず、外見はやはり外国人であるとして、「見た目」による差別を受けたわけです。裁判所は、これは「実質的には、**日本国籍の有無という国籍による区別ではなく、外見が外国人にみえるという、人種、皮膚の色、世系又は民族的もしくは種族的出身に基づく区別、制限である**」として、これは「憲法 14 条 1 項、国際人権 B〔自由権〕規約 26 条、人種差別撤廃条約の趣旨に照らし、私人間においても撤廃されるべき人種差別にあたる」としました。

　ここでは憲法や自由権規約も援用されていますが、「人種、皮膚の色、

世系又は民族的もしくは種族的出身に基づく区別、制限」という箇所で人種差別撤廃条約第1条の「人種差別」の定義を用いており、人種差別撤廃条約をふまえた判断が決め手になったことがわかります。札幌地裁の判決は控訴されましたが、控訴棄却により確定しています。

　日本では、公的生活の分野における人種差別を明文で禁止した法律がない中で、次のcase8で取り上げるヘイトスピーチの場合を含め、私人によって行われる人種差別を、民法上の不法行為として争い、裁判所が人種差別撤廃条約の趣旨をふまえて不法行為を解釈して救済を与えた判例が蓄積されてきています。不当な人種差別を受けた際には、そのような判例の考え方に則って、主張をしてみましょう。

ポイント

★ 人種差別撤廃条約は、国の機関が人種差別をしない**義務**だけでなく、個人や団体による人種差別も禁止する**義務**を国に課している。

★ 現在日本には人種差別を禁止する国内法がないため、差別をした相手には民法の規定を使って損害賠償を請求するのが一般的。その際裁判所は、憲法や自由権規約、人種差別撤廃条約などに照らして民法の解釈を行い、不法行為を認定することができ、人種差別撤廃条約はとくに重要。

case 8

街頭でのデモやインターネット上で名指しのヘイトスピーチ を浴びせられたLさん

> 　友人のLさんはフリーライターで、主にインターネット上で記事 を配信しています。在日韓国・朝鮮人を日本から排斥することを訴え る団体Zのメンバーから、ツイッターや動画サイトなどで、在日朝 鮮人であることや女性であることを誹謗中傷する酷い攻撃を受けるよ うになりました。
>
> 　またLさんは、Zのメンバーが街頭でプラカードやメガホンをもっ て「朝鮮人は日本から出て行け！」などと訴える街宣活動を行った際 にも、面前で誹謗中傷を受けました。Zのメンバーは、その光景を撮 影した動画をネット上にアップロードして拡散しています。
>
> 　また、Zの主張に賛同するHは、自分が運営するブログ（ニュース のまとめサイト）上で、Zのメンバーが流した誹謗中傷や動画の数々を、 見出しやコメント付きで紹介し、Lさんに対するネット上のヘイトス ピーチをさらに広く拡散しています。
>
> 　Lさんは深く傷つけられましたが、裁判に訴えて闘おうとしていま す。

◆ 「在日朝鮮人」など民族的出身によって人を排除することは「人種差別」にあたる

　人種差別撤廃条約第1条により、「**人種、皮膚の色、世系又は民族的もしくは種族的出身**」に基づく区別、排除、制限又は優先であって、公的生活の分野での人権享有や行使を妨げ又は害するものは「人種差別」になります。「**在日朝鮮人**」のように「**民族的出身**」による区別や排除などはこれにあたりますし、「**部落出身者**」に対する区別や排除などは、生まれや家系を意味する「**世系（descent）**」によるものに含まれます。

　case7では、外国人風の容貌の人に対して公衆浴場が行った入場拒否が、人種差別撤廃条約に照らして不法行為と判断された判例についてみました。

　日本では、社会生活上の差別を禁止した法律がないほか、人種差別を扇動するヘイトスピーチについても、これを禁止した法律はまだないのですが（2016年に成立したヘイトスピーチ解消法は、国や自治体が本邦外出身者へのヘイトスピーチ対策に取り組む責務を定めたもので、そのような行為をしてはならないという禁止規定をおいていません）、**これまでの判例で、民族的出身などに基づくヘイトスピーチに対しても、特定の被害者がいる場合には、被害者による不法行為訴訟で、人種差別撤廃条約に照らして不法行為を認める判断が蓄積されています**（他方で、「○○人」を一般的に対象にしたヘイトスピーチで、不特定多数が被害者の場合には、不法行為では争えないのが現状です。ヘイトスピーチを含め、人種差別となる行為を定義して禁止した法律をつくることが望ましいゆえんです）。

●悪質な行為として高額の損害賠償を命じた京都朝鮮学校事件

そして、判例では、ヘイトスピーチをネットで拡散する行為は、不法行為の悪質性を示すものとして、損害賠償額を高額に認定すべき要素とされています。

そのような判断を示した重要な判例は、京都の朝鮮初級学校（小学校）の前で行われたヘイトスピーチをめぐる**京都朝鮮学校事件**です。この事件は、ヘイトデモ隊が学校の機材を壊したり、威力によって業務妨害をしたりしたため、刑事裁判にもなり、器物損壊罪や威力業務妨害罪で有罪判決が出ましたが、ヘイトスピーチによる被害については、学校が不法行為訴訟を提起しました。

第1審で京都地裁は、行われたヘイトスピーチは人種差別撤廃条約にいう人種差別にあたるとし、不法行為を認定しました。そして、ネット上でヘイトスピーチを拡散したことを含め、複数の行為の悪質性から、合計で1,200万円あまりの高額な損害賠償の支払いを命じたのです。

ヘイトデモ隊側は控訴しましたが、控訴審でも同様の判断が出され（2014〔平成26〕年7月8日大阪高裁判決）、最高裁への上告も棄却されて、高裁判決が確定しました。

●民族的出身に基づくヘイトスピーチは人種差別

大阪高裁は、まず私人間で一定の集団に属する者全体への人種差別的な発言が行われた場合は、それが、憲法第13条（個人の尊重）や第14条1項（法の下の平等）、人種差別撤廃条約の趣旨に照らして、社会的に許容される範囲を超え、他人の法的利益を侵害するといえるときは、民法上の不法行為の要件を満たし、損害賠償の支払いを命じるべきで、それによって、**人種差別撤廃条約の趣旨を私人間でも実現**

すべきである、としました。

　本件では、「不逞な朝鮮人を日本からたたき出せ」「端のほう歩いとったらええんや」「キムチ臭いで」「ゴキブリ、ウジ虫、朝鮮半島へ帰れ」「保健所で処分しろ、犬の方が賢い」などの発言は、その内容から、「在日朝鮮人を我が国から排除し、日本人や他の外国人と平等の立場で人権及び基本的自由を享有することを妨害しようとするものであって、日本国籍の有無による区別ではなく、**民族的出身に基づく区別又は排除であり、人種差別撤廃条約第１条１項にいう『人種差別』に該当する**」としました。

●ネットで拡散することは差別を増幅させる悪質な行為

　しかも、多人数で、多数の子どもが在校する日中に押しかけて拡声器を用いて怒号して威嚇し、街宣車と拡声器を使って気勢をあげたこと、さらには、そのような示威活動の様子を撮影した動画を、自分たちの立場からタイトル等を付した上でネット上の動画サイトに投稿し、不特定多数の人が閲覧できるようにしたことは、学校に対する社会的な偏見や差別意識を助長し増幅させる悪質な行為である、と認めました。そして、そのような**行為の悪質性は、損害の大きさという点で、損害賠償額の面でも考慮されなければならない**として、第１審の認めた損害賠償額を維持したのです。

◆ヘイトスピーチをネットに流した人だけでなく、それに見出しをつけるなど加工してサイトにアップした人も、別途に不法行為責任を問われうる

　ｃａｓｅ８は、フリーライターの李信恵さんが実際に被害に遭った事件を元にしたものです。李さんは、街宣活動やネット上（動画配信サー

ビスやツイッター）で「朝鮮人ババア」などと自分を誹謗中傷した団体Z（在日特権を許さない市民の会：通称＝在特会）のメンバーに対して不法行為訴訟を起こしただけでなく（訴訟①）、誹謗中傷の記事や動画に見出しやコメントを付すなどしてまとめサイト上にアップ（約1年間に45本）したブログ運営者H（保守速報）に対しても別途に不法行為訴訟を起こし（訴訟②）、どちらの裁判でも勝訴しました。

◉人種差別と女性差別との複合差別を認定

　訴訟①では、大阪地裁（2016〔平成28〕年9月27日判決）は、在特会メンバーが行った名誉毀損や侮辱の行為は、多数の人が閲覧できるインターネット上や、繁華街の路上での街宣活動で、李さんを名指ししてなされたもので、その行為態様は悪質である、としました。そして、人種差別を撤廃すべきとする**人種差別撤廃条約の趣旨と内容に照らせば、このような行為が同条約の趣旨に反する意図（＝人種差別の意図）をもって行われたものであることも、慰謝料額の算定において考慮されなければならない**として、精神的苦痛を慰謝する損害賠償として70万円を認定しました。

　控訴審で大阪高裁（2017〔平成29〕年6月19日判決）は、第1審の判断をほぼ維持しつつ、さらに、これらの行為は李さんが「女性であることに着目し、その容姿等に関して貶める表現を用いて行われており、女性差別との**複合差別に当たる**」とも述べ、人種差別と女性差別との複合差別があったことも認める重要な判断をしました（その後、上告は最高裁で不受理となり、高裁判決が確定）。

◉まとめサイトでの記事作成・拡散も人格権の侵害

　訴訟②では、大阪地裁（2017〔平成29〕年11月16日判決）は、

一連の記事の内容は「在日朝鮮人であることを理由に原告を著しく侮辱し、日本社会から排除することを煽動するもの」であって、憲法第14条1項（法の下の平等）、ヘイトスピーチ解消法、及び人種差別撤廃条約の趣旨と内容に反する人種差別にあたるとしました。また、李さんが「**女性であることを理由に、その性別、年齢及び容姿をことさら侮辱するものであって、女性差別に当たる内容**」も含んでいるとしました。

　さらに、Hは他人の記事を単に引用しただけでなく、表題の作成、情報量の圧縮、ツイートの並べ替え、表記文字の強調といった加工を行っていることや、ブログを通してその内容を不特定多数の人に瞬時に閲覧可能にしたことから、「**ブログの掲載行為は、引用元の……スレッド等とは異なる、新たな意味合いを有するに至った**」として、引

用元のスレッドやツイッター投稿とは独立して、新たに憲法第13条によって保護される李さんの人格権を侵害した、と認定しました。

　その上で、人種差別と女性差別の**複合差別**に根ざした表現が執拗にくり返された点もふまえて、精神的苦痛の慰謝料として、180万円を認定したのです（その後、2018〔平成30〕年6月28日大阪高裁判決で控訴棄却、同年12月11日の最高裁上告不受理決定により確定）。

◉ネット上でのヘイトスピーチ対策が急務

　インターネットという情報伝達手段が発達し社会に浸透したことによって、ヘイトスピーチがネット上で流され被害が拡大する現象が起きていますが、黙って耐えている必要はありません。上にみたような判例がありますから、裁判を起こせば勝訴できる見込みが十分あります。また、弁護士を通して相手方に警告を発したり、法務省に**人権相談**（最近は、ネット上の人権侵害相談にも対処するとしています）をし、削除要請を出してもらうようにしたりすることも、人権侵害を止める有効な手段になりえます。

　「大阪市ヘイトスピーチへの対処に関する条例」（**大阪市ヘイトスピーチ条例**）のように、地方自治体の条例で、ネット上のものを含むヘイトスピーチ対策に取り組んでいるところもあります。大阪市ヘイトスピーチ条例の場合、市内で行われた表現活動や、市外で行われたものであってもその内容を市内に拡散するものについて、有識者からなる「ヘイトスピーチ審査会」の答申をふまえ、プロバイダーへの削除要請や、ヘイトスピーチを行った者のハンドルネームや実名の公表などの措置がとられることになっています。

ポイント💡

★ 「〇〇人」という民族的出身、「部落出身者」などの世系に基づいて行われるヘイトスピーチは「人種差別」。

★ ヘイトスピーチをネットで拡散する行為は、偏見や差別を助長し増幅させるものとして悪質性が高く、損害も大きくなるため、損害賠償額を高額に認定すべき要素となる。

★ 人種差別に加え、女性としての容姿を貶める女性差別表現のヘイトスピーチもした場合には「複合差別」と認定されうる。

★ ネットのブログなどで、引用元の文章を編集してヘイトスピーチを拡散することは、それ自体が独立した行為として不法行為になりうる。

差別禁止法と国内人権機関
——オーストラリア・イギリス・フランスの取り組み

　日本には、人種差別を明文で定義して禁止した法律がないのですが、多くの国では、人種差別撤廃条約の批准をきっかけとして、何が人種差別にあたるかを法律できちんと定義して禁止しています（差別禁止法、人権法など）。また、重要なのは、そのような法律を所管することを含め、人権問題について、政府から独立した立場で任務を遂行する「**国内人権機関**」も併せて設けられている点です。

◆国内人権機関とは

　国内人権機関（National Human Rights Institutions）とは、政府から独立した立場で、人権問題に対する幅広い任務をもった国家機関を指します。

　国際社会ではそのような機関の重要性が広く認識され、国連総会と人権委員会はそれぞれ 1992 年、1993 年に、「**パリ原則**」と呼ばれる、国内人権機関の地位に関する決議を採択して、政府からの独立性や任務の広範さなど、求められる国内人権機関の概要を示し、各国に設置を促しています。

　パリ原則への準拠を認証する制度を運用している「国内人権機関グローバル連合（Global Alliance of National Human Rights Institutions, GANHRI）」によると、**2019 年 5 月現在で、世界の国内人権機関の数は 124。そのうち、A ランク認証、つまり、パリ原則の基準を十分に満たす国内人権機関として認知されたものは 79 あります。**アジア・太平洋地域では、アフガニスタン、オーストラリア、インド、インドネシア、マレーシア、モンゴル、ネパール、ニュージーランド、フィリピン、韓国などが、A ランクの国内人権機関をもっています。

　国内人権機関は、法制度やその運用のあり方を含めて、国の人権状況を、憲法上の人権だけでなく、国が批准・加入している人権条約などの国際人権法に照らして監視（モニタリング）し、改善に向けて調査研究や勧告などの活動を行う機関として機能しています。また、人権保障に関する国の法律（差別禁止法や人権法など）を所轄し、法律に反する差別や人権侵害の申し立てを受け付け処理する任務が与えられている場合も多いです。

◆オーストラリアの差別禁止法と人権委員会

オーストラリアの例を紹介しましょう。オーストラリアは連邦国家で、各州にも差別禁止に関する法令がありますが、連邦レベルでいうと、性差別、人種差別、障害差別、年齢差別の４つの差別についてそれぞれ差別禁止法があります。下は、人種差別禁止法と性差別禁止法、それぞれのパンフレットの一部で、何が禁じられる差別にあたるかをわかりやすく説明した小冊子です。

これらの法律が対象としているのは、人種差別撤廃条約や女性差別撤廃条約など関連の人権条約の規定に沿って、公的生活の分野（雇用、教育、住居、財又はサービスの利用）で行われる差別です。なお、オーストラリアの性差別禁止法は、セクハラも性差別の一種として禁止しています。

そして、これらの法律の禁止する差別を受けたと考える人は、「**オーストラリア人権委員会（Australian Human Rights Commission）**」に申し立てをすることができます。委員会は、差別をしたとされる人を呼び出し、委員会が両者の中に入って調停をすることができます。加害者が事実を認め、謝罪や再発防止の約束などをして解決するこ

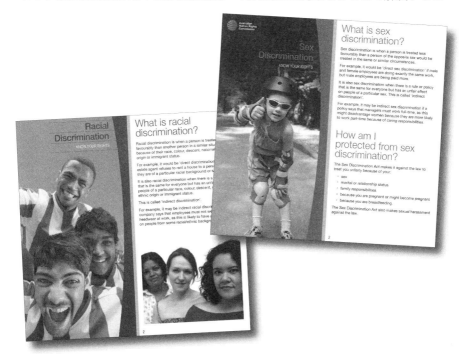

とが多いですが、調停で解決しない場合には、被害者はもちろん裁判を起こすこともできます。

◆イギリス平等法と平等・人権委員会

　オーストラリアは個別の差別禁止法をもっている例ですが、イギリスのように、さまざまな差別禁止事由をまとめて規定した、包括的な差別禁止法を制定している国もあります（2010年平等法）。

　この法律は、年齢、障害、性転換、婚姻及びパートナーシップ、妊娠及び出産、人種、宗教又は信条、性、性的指向による差別をカバーしており、「差別」としては、直接差別、間接差別、被害者への報復のほか、ハラスメント（差別禁止事由による歓迎されない行為であって、人の尊厳を侵害するか又はその人にとって脅迫的な、敵対的な、侮辱的なもしくは品位を傷つける環境を創出

する目的又は効果をもつもの）を含むとされています（また、障害差別に関しては、合理的配慮をしないことを含みます）。

　そして、この2010年平等法の執行のための国内人権機関として、「**平等・人権委員会（Equality and Human Rights Commission）**」が設置されており、情報提供や啓発・人権教育のほか、差別の申し立てについての調査も行っています。差別があったと認めた場合は、委員会は加害者に対して、是正措置や行動計画を要請することができます。

　また、イギリスにはこのほかにも、「**子どもコミッショナー（Children's Commissioner）**」という、子どもの権利に特化した国内人権機関もあります。

　イギリスで、非就労世帯に対する生活保護給付に一律に上限を設ける省令案を政府が国会に提出した際、「子ど

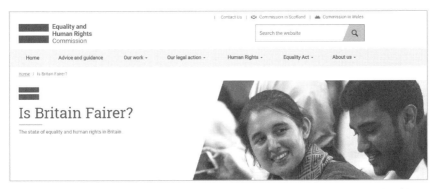

イギリス「平等・人権委員会（Equality and Human Rights Commission）」のホームページより

もコミッショナー」は、子どもがいる家庭について「子どもの個別の状況に関係なく一律に上限を課すことは、子どもの権利条約第3条1項に基づく最善の利益の原則に抵触しうる」という見解を表明しました。

　2015年にイギリスの最高裁は、この省令をめぐる裁判で、そのような子どもコミッショナーの見解も引用して、省令は子どもの権利条約の定める子どもの最善の利益の原則に反するという判決を出しました（*R v. Secretary of State for Work and Pensions,* 18 March 2015, [2015]UKSC 16）。このように、人権問題について政府から独立の立場で検討する国内人権機関の見解が、司法の判断を左右することもあるのです。

◆フランスの例──差別は刑事規制、他方で国内人権機関も

　フランスは、社会生活上の人種差別、ヘイトスピーチの双方について、刑事法による規制をおいています（なお、刑法第222-33条ではセクハラも禁止されています）。

　刑法の第225-1条では、出自や性、家族状況、妊娠、身体的外見、健康状態、障害、遺伝的特徴、性的指向、性自認、年齢、政治的意見、労働組合活動、種族的もしくは民族的出身、人種、宗教などによって人を区別することが「差別」として禁止されています。そして、第225-2条により、このような差別によって財やサービスの提供の拒否、通常の経済活動の妨害、雇用の拒否、インターンとしての受け入れの拒否などを行った場合には、3年の拘禁刑と45,000ユーロの罰金が科されることになっています（このような差別が、一般公衆を受け入れる場所で、そこへのアクセスを禁じる目的でなされた場合には、5年の拘禁刑と75,000ユーロの罰金とより重くなります）。

　ヘイトスピーチに関しては、「出版の自由法」改正によって同法に人種的憎悪扇動罪（第24条）、人種的名誉毀損罪（第32条）、人種的侮辱罪（第33条）が設けられ、刑事規制されています。

　それによると、第23条に規定された公表手段（「公共の場所において行われた演説、訴えもしくは威嚇」、「公共の場所又は教会において販売されもしくは陳列された販売用又は頒布用の著作物、印刷物、図画、版画、絵画、紋章、映像その他、著作、言語もしくは映像の媒体となるあらゆるもの」、「公衆の面前に貼り出された貼り紙又はビラ」、又は「公衆に対する電子技術によるあらゆる伝達手段」）によって、「出生又は特定の民族、国民、人種もしくは宗教への帰属

フランス政府の法律サイトより刑法第 225-1 条の条文（部分）

の有無」を理由とする人又は人の集団に対して行われた名誉毀損、侮辱、差別・憎悪・暴力の扇動は処罰対象とされ、1 年の拘禁及び 4 万 5 千ユーロの罰金又はそのいずれかが法定刑となっています。

他方で、幅広く人権問題を扱う国内人権機関も設置されています。戦後まもなく 1947 年に設置された**国家人権諮問委員会**（Commission nationale consultative des droits de l'homme）が、その後権限を強化されて今日に至っており、人権条約に照らしたフランス国内の人権状況全般について、調査・研究や政府機関への勧告などを行っています。

この委員会は、上に紹介したオーストラリア人権委員会やイギリスの平等・人権委員会と並び、A ランクの国内人権機関として国際的に認知しています。

また、2008 年の憲法改正では、人権擁護官（Défenseur des droits）という官職が新たに設けられ、人権侵害の申し立てを受け付けているほか、人権問題に関する公的な見解表明なども行っています。

◆日本にも包括的な差別禁止法、そして国内人権機関を

日本では、人権条約のひとつである障害者権利条約の批准に向けた（日本は 2014 年に批准）国内法制度の整備の一環として、2013 年に「障害を理由とする差別の解消の推進に関する法律」（**障害者差別解消法**）が制定されるなど（2016 年 4 月 1 日施行）、個別の分野では、差別撤廃に向けた法律の整備が進みつつあります。

他方で、日本でも深刻になっている

コラム④

116

人種差別については、一定のヘイトスピーチについて国や自治体が対策をとる責務を定めたヘイトスピーチ解消法が2016年に制定されたほかは、人種差別撤廃条約を受けた法律の整備はなされていません。ヘイトスピーチ解消法も、ヘイトスピーチを行うことを「禁止」する規定を含むものではないので、今なおヘイトスピーチの横行を食い止められていないのが現状です。

また、性差別についても、女性差別撤廃条約では女性への性暴力は差別の一形態として国がその防止・救済にとりくむべきものとされていますが、例えば、性暴力の一環であるセクハラについて、日本の法制は実効的な規定をおいているとはいえません。2019年には、就職活動中の女子大学生が訪問先の会社員からセクハラを受けることが頻繁にあるという、「就活セクハラ」の問題も大きく報道されました。

人種差別撤廃委員会、自由権規約委員会、社会権規約委員会、女性差別撤廃委員会など、人権条約の委員会は、日本政府報告書審査後の総括所見で、差別してはならない事由を幅広く規定した、包括的な差別禁止法を制定すべきことをくり返し勧告しています。あわせて、国内人権機関の設置も、これらの委員会からくり返し勧告されている事項です。

日本も、諸外国の法律を参考にして、包括的な差別禁止法ないし人権法の制定を真剣に検討すべきときでしょう。その際、すでに日本が批准している上記のような**人権条約の規定は、それに沿った国内法をつくるための、重要な法的枠組みとなります。**

また、2019年6月にはILO（国際労働機関）で**「職場における暴力とハラスメントの撤廃に関する条約」**（190号条約）が採択されましたが、その採択に日本政府は賛成票を投じています（ただし、使用者団体として経団連〔経済団体連合会〕も投票に参加していますが、経団連は棄権しました）。

この条約は、受け入れがたい言動や慣行であって身体的、心理的、性的又は経済的被害を生じさせる目的又は効果をもつものを「職場における暴力及びハラスメント」とし、**契約上の地位にかかわらずインターンや見習い生、求職中の人に対するものも含めて、国が職場におけるすべての暴力とハラスメントを法律で禁止することを定めて**います。深刻な就活セクハラなどの現状に照らし、日本も早急にこの条約を批准し、国内法を整備すべきでしょう。

憲法は、国会議員や大臣、裁判官など、公務員を縛る規範であり、これら

の公務員は憲法を尊重して人権を守る義務がありますが（憲法第99条の定める憲法尊重擁護義務）、社会の中で、一般の個人や、企業のような団体に対して実効的に人権を守らせるためには、「これこれの行為は人権侵害であり／差別にあたり、してはならない」という、法律の明確な規定をおくことが欠かせません。そのような規定があってこそ、「そのような行為は違法だから、してはいけないのだ」と認識でき、人権侵害を未然に防ぐことにもつながるからです（「行為規範」としての法律の役割です。また、実際にそのような行為が起こった場合も、裁判などで、法律の規定に違反したことをはっきりと主張しやすくなります。人種差別を禁止した具体的な法律の規定がないために、民法の不法行為という一般規定を使って主張せざるをえないことが多い日本の現在の状況を思い出して下さい）。

国内人権機関の設置も、ぜひとも必要です。**人権条約を受けた国内法の整備は国会によって行われますが、マイノリティ（例えば婚外子、外国人）の声は国会になかなか反映されにくいのが現状です。**人権救済の最後の砦としては裁判所がありますが、個人にとって裁判を起こすことには大きな負担が伴いますし、例えばcase7や8でみ

たように**人種差別の問題で裁判所が損害賠償を命じることがあるとしても、**それを超えて、社会で同じような問題がまた起こるのを防ぐための政策的なとりくみまで、指し示してくれるわけではありません。

上に例をみたように、今や世界の過半数の国には国内人権機関があり、人権にかかわる国の政策や法令について見解を述べ、是正を求めるなどの活動を行っています。日本にもそのような機関があれば、人権条約に照らして問題があると思われる事柄を含め、人権問題に対する国のとりくみを今よりはるかに活性化することができるでしょう（人権擁護を職責とする弁護士の方々の職業団体であり、国際人権法にかかわる問題についても積極的にとりくんでいる**日本弁護士連合会〔日弁連〕**は、毎年、人権擁護大会を開催していますが、2019年10月に開催された2019年度の大会では、国内人権機関の設置と個人通報制度への参加を求める決議を採択しています）。

第 7 章

外国人の人権

外国人でも、在留資格がなくても、国が守るべき人権がある

case 9

難民認定申請をしているのに、在留資格がないために入管収容施設に収容された X さん

私の友人 X さんは、アフガニスタン出身です。20 歳のときアフガニスタンで少数民族のハザラ人として迫害された X さんは、日本にいる知り合いを頼って日本に渡り、知人訪問のための短期滞在ビザで日本に入国しました。私はその知人を通して X さんと知り合い、仲良くなりました。

私は X さんから、「母国に戻ると迫害を受ける恐れがあるので、日本で難民申請をしたい」と相談を受けました。ですが、難民認定手続きの方法が私にもよくわからず困っているうちに、ビザの有効期間である 90 日間が過ぎてしまい、難民申請をしたときにはすでに在留資格がない状態でした。

このため、入管法上、不法残留であり本国へ退去強制（＝強制送還）される対象として、入管（法務省の出入国在留管理庁）から「収容令書」が出され、収容施設に身柄を収容されてしまいました。もし、次に「退去強制令書」が出されると、送還可能なときまで、事実上無期限の身柄収容をされることになってしまいます。

何とか、友人の X さんを助けることはできないでしょうか？

◆難民条約での「難民」とは

　日本も加入している難民条約では、人種、宗教、国籍、特定の社会的集団のメンバーであること、政治的意見のいずれか（又は複数）を理由として迫害を受けるおそれがあるために、国の保護を受けられないか又は保護を受けることを望まず、国外に逃れている人を「難民」とし、各国は、そのような人を難民と認めて受け入れることとしています。

●認定数が少ない日本

　難民認定は、申請者からの聴き取りのほか、申請者が提出する資料などを吟味して行われますが、聴き取りには通訳も必要ですし、申請者が迫害を受けるおそれを裏づける具体的な資料を十分にもっていないこともよくありますから、認定機関（日本では出入国在留管理庁。入管法上は、法務大臣）の側でも追加的な調査をすることになります。

　このように難民認定はその性格上慎重な検討を要し、時間もかかるプロセスですが、日本は「迫害」のとらえ方などが厳しく、例年、認定される難民の数は非常に少なくなっています（1桁から2桁程度。これに対し、米、英、仏、独、加などでは万単位です）。

◆難民申請中なのに入管施設に収容

　Ｘさんは母国での安全・安心な暮らしが見込めなかったために、難民となって人権の保障された生活を得たいと希望して来日しました。にもかかわらず、日本では、不法入国、不法残留など入管法の違反がある人は、それだけで退去強制の対象となり、原則として全員、入管

年	申請者数	認定率（%） （認定者数／申請者）	認定者数	人道的配慮による 在留許可者
2009	1388	2.16	30	501
2010	1202	3.24	39	363
2011	1867	1.12	21	248
2012	2545	0.71	18	112
2013	3260	0.18	6	151
2014	5000	0.22	11	110
2015	7586	0.36	27	79
2016	10901	0.26	28	97
2017	19629	0.10	20	45
2018	10493	0.40	42	40

法務省発表「難民認定者数等について」より

の収容施設に身柄を収容されてしまいます。入管の収容施設は、茨城県の牛久や長崎県の大村のほか、東京や大阪、名古屋など全国にあります。

　では、難民申請をしている人は、難民と認定されるまでの間、何の人権保障も受けないのでしょうか？　そんなことはありません。

◆難民にあたる人の人権保障

　難民条約は第31条2項で、国は「難民の移動に対して、必要な制限以外の制限を課してはならない」とし、「難民に対して、他の国への入国許可を得るために妥当な期間の猶予、及びこのために必要なすべての便宜を与える」としています。

> **難民条約 第31条 【避難国に不法にいる難民、そのような難民に対する移動制限】**
>
> **1項**　締約国は、その生命又は自由が第1条の意味において脅威にさらされていた領域から直接来た難民であって許可なく当該締約国の領域に入国し又は許可なく当該締約国の領域内にいるものに対し、不法に入国し又は不法にいることを理由として刑罰を科してはならない。〔中略〕
>
> **2項**　締約国は、1の規定に該当する難民の移動に対し、必要な制限以外の制限を課してはならず、また、この制限は、当該難民の当該締約国における滞在が合法的なものとなるまでの間又は当該難民が他の国への入国許可を得るまでの間に限って課すことができる。締約国は、1の規定の該当する難民に対し、他の国への入国許可を得るために妥当と認められる期間の猶予及びこのために必要なすべての便宜を与える。

　第31条は、国によって正式に難民認定を受ける前の人を含めて、難民条約第1条にいう難民にあたると考えられる人に適用される規定です。難民認定という制度自体が、「国が認定することで初めて難民になる」(つまり、難民かどうかを国が自由に決める)のではなく、「難民だから認定する」という、宣言的な性格のものと考えられているからです。

●「収容」は他国で難民認定される可能性を閉ざす

　ですから、難民にあたる可能性がある人を収容してしまうことは、難民条約第31条2項に反するという問題があります。**収容施設に収容するというのは、移動の制限の最たるもの**だからです。

　仮にXさんが日本で難民認定されなくても、他の国に行けばそこ

123

で難民認定される可能性もありますが、収容されてしまうと、そのような可能性を探る道も閉ざされてしまいます。

●他国に入国許可を得るための必要な便宜は制限されてはならない

日本の入管収容施設では、弁護士との面会も、アクリル板越しに短時間しかできませんし、電話は公衆電話からかけられるけれども受けることはできない、携帯電話やスマホはもちろんパソコンも使えないなど、外部との連絡や情報収集の手段がほとんどありません（これに対し、例えばイギリスの入管収容施設には、図書室やパソコン室があり、英会話教室なども開かれています）。

結果的に、「難民に対して……他の国への入国許可を得るために……必要なすべての便宜を与える」という難民条約第31条2項後段の規定も、守れないことになるのです。

◆難民条約第31条2項の違反を認めた判例

実際、Xさんのようなアフガニスタン出身の難民申請者が起こした裁判で、裁判所が、**日本が難民条約に入っている以上、難民にあたる可能性がある人を一律に収容してしまうことは、難民条約第31条2項に反する**、ということをはっきり指摘した判例があります。

●不法滞在であっても、難民にあたる可能性が優先される

2001（平成13）年11月6日の決定で東京地裁は、**日本が難民条約に入っており国内でも法的に効力をもっていることからすれば、入管の主任審査官が収容令書を出す際には、その人が入管法に反しているかどうかだけではなく、難民にあたる可能性があるかを検討し、そ**

なぜ母国を出て日本に来たのか
──難民となったマールーフさん

MD・アブドラー・マールーフさん（１９８２年生まれ）は、母国バングラデシュで政権を握るアワミ連盟（ＡＬ）と並ぶ二大政党だった バングラデシュ民族主義党（ＢＮＰ）の地方青年組織の副委員長を務めていました。

２０１２年、仲間と開いていた集会中にＡＬメンバーや警察に襲撃され、重傷を負います。命の危険を感じ、その後母国を脱出。２０１５年に日本へ来ました。

現在のバングラデシュでは、ＢＮＰの中心人物は国を出ざるをえないほど危険な状態にあるといいます。

マールーフさんは、日本の入管からは難民と認められず、１年３カ月間収容されました。現在は「仮放免」という立場で難民申請が通るのを待っています。

〈写真撮影・織田朝日〉

（参照：織田朝日「手錠腰縄で病院内を歩かされたバングラデシュ難民が仮放免、しかし苦難は続く」2019.6.23、ハーバー・ビジネス・オンライン　https://hbol.jp/194967）

の可能性がある場合には、移動の制限をする必要があるかどうかを検討すべきで、「難民に該当する可能性があるものについて、不法入国や不法滞在に該当すると疑うに足りる相当な理由があることのみをもって、収容令書を発付し、収容を行うことは、難民条約第31条2項に違反する」としたのです。

◉収容＝身体拘束は人権侵害なので、慎重に

また、2002（平成14）年3月1日の決定でも東京地裁は、身体を拘束することは生命を奪うことに次ぐ重大な人権侵害であり、そのような行為を入管という行政機関が行うこと自体が法的には異例のことなのだから、これについては入管も裁判所も慎重に判断しなければならない、と述べ、**難民にあたる可能性がある人については、退去強制令書を出して収容する前に、難民条約に照らして移動の自由の制限が必要かどうかを検討する必要がある**、としました。そして、原告のアフガニスタン人は難民と認められる人なのに、収容してしまえば、他国への入国許可を得るための活動も阻害され、回復しがたい損害を受けるおそれがあるとして、退去強制令書の執行停止を一部認めたのです。

このような裁判所の判断が相次いだことから、**2004年の入管法改正**では、難民申請者で一定の条件を満たす人については、「**仮滞在許可**」を出し、その期間中は退去強制手続きを停止する制度が導入されました。

ただし、仮滞在許可が出る率は実際にはとても低く、大多数の人は、従来と同様、収容されてしまっているのが現状です。

◆司法チェックなく、行政機関の判断だけで「全件収容」

　入管収容の手続き自体も、問題が大きいものです。刑事手続き、つまり、犯罪の疑いで人を逮捕した後、身柄を勾留するには、逮捕後72時間以内に検察官がその人を裁判官の面前に連れていき、勾留の必要があると裁判官が認めた場合に裁判官が勾留を許可することが必要です。しかし、入管収容の場合には、そのような司法のチェックは入らず、**法務省の出入国在留管理庁という行政機関内の担当者（主任審査官）が出す「収容令書」だけで、人を収容する**ことができるのです。

　しかも、入管法に基づく収容は、入管法違反の人すべてが対象となる「全件収容」です。しかし、**逃亡のおそれがあるなど、収容する具体的な必要性がなくても人を収容するということは、自由権規約第9条1項が保障している「恣意的に逮捕又は抑留されない」権利に反**するものです。

自由権規約 第9条 【身体の自由と逮捕抑留の要件】
1項　すべての者は、身体の自由及び安全についての権利を有する。何人も、恣意的に逮捕され又は抑留されない。何人も、法律で定める理由及び手続によらない限り、その自由を奪われない。
4項　逮捕又は抑留によって自由を奪われた者は、裁判所がその抑留が合法的であるかどうかを遅滞なく決定すること及びその抑留が合法的でない場合にはその釈放を命ずることができるように、裁判所において手続をとる権利を有する。

　「恣意的」とは、「むやみに」とか「根拠なく」という意味です。日本語の「抑留」は、「収容」よりも短い時間、人の身柄を拘束することという語意がありますが、自由権規約第9条1項の英語正文は

"No one shall be subjected to arbitrary arrest or detention" であり、detention は「拘禁」・「収容」を意味するので、第9条1項は「恣意的拘禁」「恣意的収容」を禁じたものと訳すこともできます。

◉裁判所で手続きをとる権利の侵害

また、自由権規約第9条4項は、逮捕又は抑留によって自由を奪われた者は裁判所によってその合法性についての決定（及び、合法的でない場合には釈放の命令）を受けられるよう裁判所で手続きをとる権利を保障しています。

しかし、入管収容は、先に述べたように、裁判所の許可なく入管の判断だけで行われるもので、裁判所による合法性の判断の機会は保障されていません。裁判手続きとしては、難民申請者が、難民不認定処分の取り消しなどを主張して、あわせて、収容令書や退去強制令書の執行停止を求める裁判を起こし、裁判所が、その人が確かに難民にあたると認めた場合に、収容によって重大な損害を受けるおそれがあるとして執行停止を認めるような場合（先に引いた東京地裁の決定の例）がありますが、執行停止が認められるのは非常にまれです。

よって、日本の入管収容制度は、第9条4項に照らしても問題があります。

◉長期化する収容

収容令書による収容は、最大30日間で、加えて30日間の延長が可能ですが、いよいよ退去強制手続きが発動されて入管の主任審査官から「退去強制令書」が出されると、入管法上、収容期間は「送還可能なときまで」となっており（第52条5項）、期限の定めがありません。本人が、日本に家族がいるとか、難民申請をしているなどの理由

で送還を拒否するような場合は、送還できず、収容が何か月、何年と長期化することがあります。

●不透明な仮放免制度

保証金を納めて一時的に収容を解かれる「仮放免」という制度がありますが（入管法第54条）、書類審査のみで、本人からの聴聞手続きなどはなく、仮放免が許可される基準も不明です。許可がおりる率は低く、2017年でみると8割以上が不許可になっています。**不許可になっても、その理由は入管側からは一切明らかにされません。**

なお、仮放免が許可されても、仮放免中は就労が禁止され、かといって国から何らかの補助があるわけではないため、生活に困窮するのが現実です。

◆個人通報制度による申し立て──オーストラリアの事例

自由権規約では、オプショナルな制度として、人権侵害を訴える個人が自由権規約委員会に申し立てを行える個人通報制度があり、日本は残念ながら入っていませんが、**この制度に入っているオーストラリアに関して、日本と同様の長期の入管収容が規約違反とされた事案がいくつもあります。**

●4年以上の収容を「恣意的な抑留」とみなす

例えば、A対オーストラリア事件（通報番号560/1993）で、委員会は1997年、「いかなる場合でも、**抑留〔=収容〕は、国が適切な正当化事由を提供できる期間を超えて継続されるべきではない**」と述べて、4年以上に及んだ収容を第9条1項の「恣意的な抑留」とみ

なし、また、裁判所が違法な収容の場合に釈放を命じる権限をもっていなかったことについて第9条4項違反も認めました。

●子どものいる家族への配慮

また、D・E及びそのふたりの子ども対オーストラリア事件（通報番号 1050/2002）は、子どもを含む家族の収容に関する事案でしたが、委員会は 2006 年、家族の状況を考慮して当局への出頭・報告義務を課すような収容以外の手段によっては、身元確認などの目的を達することができなかった、ということを国は示していないとして、3 年 2 か月の間この家族を収容したことを「恣意的な抑留」と認めました。第9条4項についても、A 対オーストラリアの事案と同様の判断を下しています。

このような違反認定を受けた後、オーストラリアは法律を改正して、入管収容施設への収容は最後の手段とし、収容に代えて一定の場所での居住を義務づける「居住指定」の制度を取り入れることなどを決めました。

◆人道的取り扱い──自由権規約第 7 条・10 条

入管収容施設での収容中や、そこに人を連れていくまでの過程では、人道的な取り扱いなどの国際人権法上の義務も当然適用されます。

自由権規約は第 7 条で「何人も、拷問又は残虐な、非人道的なもしくは品位を傷つける取り扱いもしくは刑罰を受けない」権利を保障し、第 10 条 1 項は「自由を奪われたすべての者は、人道的にかつ人間の固有の尊厳を尊重して、取り扱われる」としています。

> **自由権規約**
> **第7条　【拷問又は残虐な刑の禁止】**
> 何人も、拷問又は残虐な、非人道的なもしくは品位を傷つける取り扱いもしくは刑罰を受けない。特に、何人も、その自由な同意なしに医学的又は科学的実験を受けない。
> **第10条　【被告人の取り扱い・行刑制度】**
> **1項**　自由を奪われたすべての者は、人道的にかつ人間の固有の尊厳を尊重して、取り扱われる。

●入管収容施設でも人の尊厳は尊重される

　自由権規約委員会は、第10条1項は刑務所や精神病院、拘置施設など、国の法律の下で自由を剥奪されているすべての人に適用されるとしており、入管収容施設での収容もこれに入ります。**国が法律に基づき国の施設で人を収容しているわけですから、そこで自由を奪われている人が人道的な取り扱いを受ける権利を保障する責任は、当然、国にあります。**

●屈辱感を与える行為も禁止

　第7条は拷問や残虐な取り扱い、非人道的な取り扱いだけでなく「品位を傷つける取り扱い」も含んでいますから、身体的な苦痛を与える行為はもちろん、**出身国や皮膚の色によって相手を侮辱し嫌がらせをするなど、人に屈辱感を与える行為も、禁じられる**とみなければなりません。

　例えば、入管施設の被収容者が、診察のため外部の病院に連れていかれる際に、手錠や捕縄をしたままで連れていかれたという事案が、日本弁護士連合会（日弁連）の人権救済申し立て手続きにかけられ、

131

125頁で紹介したマールーフさんも、2018年10月、入管から病院へ移動する際に、手錠腰縄で縛られたまま、多くの人が行き来する病院内を歩かされた。〈写真提供：織田朝日〉

日弁連が人権救済の勧告を出したこともあります（2014年）。**手錠や捕縄をつけたままで病院に連れていき、待合室で人の目にさらすような連行の仕方は、明らかに、自由権規約第7条に反する「品位を傷つける取り扱い」**といえるでしょう。

◆医療を受ける権利、収容生活のストレス——社会権規約第12条

　人道的取り扱いとも関連する重要な問題のひとつに、医療体制があります。入管の収容施設には医師が常駐しておらず、被収容者が健康上の問題を訴えても、速やかに診察を受けさせてもらえないことが常態化しています。

　社会権規約が定める「健康についての権利」（第12条）は、日本の管轄下にあるすべての人がもつ権利です。入管施設の被収容者にも、当然この権利があります。

社会権規約 第12条 【健康についての権利】
1項　この規約の締約国は、すべての者が到達可能な最高水準の身体及び精神の健康を享受する権利を有することを認める。

　むろん、医療を受ける権利は、**生命権（自由権規約第6条）**にもかかわります。

　2014年には、日本で難民申請をしている息子に会うため観光ビザ

で来日したスリランカ人のニクラスさんが、観光目的とは疑わしいとして羽田空港でそのまま収容された後、収容施設内で胸の痛みを訴え、医師の診療を求めたのに病院に搬送されず、来日してわずか10日後、急性心筋梗塞で亡くなってしまったという死亡事件もありました。

　ニクラスさんの事案は、医療を受ける権利の問題を提起していると同時に、来日後ただちに収容されてわずか10日後の死亡であったことから、収容自体が大きなストレスになり命を縮めたのではないかということもうかがわせます。

　実際、入管の収容施設に長期収容されている人の中には、**収容生活の極度のストレス**から、排せつをコントロールできなくなり紙オムツを着けるようになってしまった人や、自傷行為に走る人、自殺してしまう人もいます。仮放免を求めてハンガーストライキを行う人も増えています。収容されている人の家族が、「お父さんを返して」「夫を返して」などというプラカードを持って入管施設の前でデモをする姿も見られます。

　2019年10月には、法務省は、大村の収容施設で同年6月に死亡したナイジェリア人男性（通称サニーさん）の死因は、ハンガーストライキによる「餓死」であったと発表しました。サニーさんは難民申請者ではなく、日本人女性との間に日本人の子どもがいましたが、窃盗罪で服役した前科があり、3年7か月もの間、入管収容施設に収容されていました。サニーさんは、仮放免してほしいと訴えてハンガーストライキに入る前、「子どもに会いたい」と語っていたといいます。

　難民にあたる人でなくとも、このように、日本に住んでいる家族がいる人の場合は、国際人権法上、次のcase 10やコラムで述べるような、「家族」が保護を受ける権利に対する配慮が求められます。

以上、難民申請や入管収容にかかわる国際人権法についてみてきましたが、やはり、日本の現状では、入管の判断だけで人を長期間収容できるという制度に問題があり、長期収容自体が重大な人権問題になっていることは否めません。現行の全件収容主義、そして収容の期間が何年にも及ぶことが規約違反にあたりうることは、オーストラリアに関する自由権規約個人通報制度の先例でも明らかです。

ポイント

★ 「難民条約」締約国は、難民を分担して受け入れる責任を負っている。

★ 「難民」かどうかは難民条約の基準により、国が自由に決められるものではない。

★ ビザが切れてしまって「不法残留」状態になっているなど、入管法の違反があるとしても、それは「犯罪」とは異なる。

★ 難民にあたる可能性のある人を収容してしまうことは、必要以上の移動制限を禁じた難民条約違反。

★ 裁判所によるチェックの入らない入管収容は、自由権規約違反のおそれ。

★ 入管施設は国が人の身体を拘束している場所であり、国は人道的取り扱いを保障する義務がある。入管施設内の非人道的取り扱いは、自由権規約や拷問等禁止条約に違反する。

★ 入管収容が「恣意的抑留」にあたらないかについて、個人通報制度でオーストラリアの事案があるが、日本はこの制度を受け入れていない。日本も受け入れるべき。

case 10

難民認定申請が不認定となり、その取り消し訴訟を準備していたのに、強制送還されてしまったTさん

　スリランカ出身の知人で、少数民族のタミル人の反政府組織で活動していたTさんは、短期滞在ビザで来日しましたが、滞在中にスリランカの治安情勢が悪化したため、帰国を断念しそのまま日本にとどまりました。スリランカに帰国すれば、当局に拘束され、拷問を受ける可能性もあったからです。

　その後、難民申請の制度を知り難民認定申請をしましたが、長期間の不法滞在などを理由に不認定となり、入管の収容施設に収容されました。Yさんは、難民不認定処分に対して異議申し立てをしましたが、それも棄却されてしまいました。

　Tさんは、難民不認定処分を取り消してほしいという取り消し訴訟を裁判所に起こすつもりで、弁護士にも訴訟の委任状を預けていました。ところが、異議申し立てが棄却された直後に、入管の係官によって身体を拘束され、羽田空港に連れて行かれて、日本政府が用意したチャーター機によってスリランカに強制送還されてしまいました。

　彼の身の上が心配でなりません。こんな日本の入管のやり方は許されるのでしょうか？

◆裁判を受ける権利

このケースは、2016年2月にスリランカに強制送還されたタミル人男性の実際のケースをもとにしたものです。

日本国憲法は、裁判を受ける権利を保障しており（第32条）、これは外国人にも当然保障される権利です。また、自由権規約も、管轄下にあるすべての人に対し、公正な裁判を受ける権利（第14条）を確保することを締約国に義務づけています。

> **自由権規約 第14条 【公正な裁判を受ける権利】**
> 1項　すべての者は、裁判所の前に平等とする。すべての者は、その刑事上の罪の決定又は民事上の権利及び義務の争いについての決定のため、法律で設置された、権限のある、独立の、かつ、公平な裁判所による公正な公開審理を受ける権利を有する。〔後略〕

難民認定を申請して、不認定の処分を受けても、法務省に対して異議申し立てができ、またそれが棄却されても、申請者は国（法務大臣、又は担当の入管局長）を相手取って、**難民不認定処分の取り消しを求める裁判を起こすことができます。**

不認定処分を違法として取り消した裁判判決は、これまでにも相当数あります。

◉難民不認定処分を取り消した例も

例えば、法務省側は、申請者が「迫害」を受けているというためには、その人に逮捕状が出ていたり、刑事裁判で訴追されたりしていることが必要だという狭い解釈をすることがしばしばですが、ミャンマー出身の原告に関する2005（平成17）年6月15日の判決で大阪高裁は、（当

時の）ミャンマーで拘留されている政治囚には学生や地位の低い党員も多いこと、司法が独立して機能しているとはいえないことなどから、ミャンマー出身者についてそのような狭い考え方をすることはできないとして、原告は難民にあたり、難民不認定処分は違法であったとして取り消しています。

◉「指導的立場の活動家であること」や「正規パスポートをもっていないこと」は条件ではない

指導的立場にある活動家でなければならない、という考えや、国から発給された正規のパスポートをもって出国しているのならば「迫害」を受けていたとはいえない、という主張も、裁判で否定されています。ウガンダ出身の難民申請者であった原告について、名古屋入管局長側が、この人は党内での地位が低く、ウガンダ政府の迫害対象になるような指導的立場にあったとはいえないし、本名で政府からパスポートを発給されて出国していることから、国の保護を受けていた、と主張したのに対し、名古屋高裁は 2016（平成 28）年 7 月 28 日の判決で、当時のウガンダの状況を詳しく検討した上で、指導的立場になくとも、また、正規の手続きで自分名義のパスポートを取得して出国していても、原告が難民にあたることを否定することはできないとしました。

◉偽造パスポートだからといってウソの難民申請ともいえない

パスポートについては、逆に、偽造パスポートである場合でも、だからといってただちに、その人が嘘をついて難民申請をしているとは限りません。2011（平成 23）年 4 月 13 日の判決で東京地裁は、ミャンマーの少数民族であるチン族の牧師であった原告について、当時のミャンマー政府がチン族の宗教指導者を厳しく弾圧していた

ことから、原告はやむなく偽造パスポートを使ってインドに出国し、その後日本で保護を求めるに至った事情があるとし、しかも、来日後も牧師としての活動を行っているとして、宗教や政治的意見を理由に迫害を受けるおそれがある難民と認め、不認定処分を取り消しています。

このように、裁判になった事案では、難民認定の申請をした人が真に難民条約にいう「難民」にあたるかどうかについて、出身国の人権状況や、その人が行ってきた政治活動などの経歴、日本に来てからの在留状況などを、本人の陳述や本人が出す資料のほか、さまざまな情報（アメリカ国務省が発行している国別の人権状況報告書なども使われます）に照らして裁判所が慎重に検討した結果、難民不認定処分を違法として取り消す場合もあるのです。申請者としては、不認定処分が出て、異議申し立ても棄却されたとしても、裁判所の判断を求めたいと考えるのも当然です。

◆強制送還されると、裁判を起こすことが不可能に

しかし、Tさんのケースのように、異議申し立てが棄却された直後に、無理やり強制送還されてしまうと、もはや、裁判を受けることはできなくなってしまいます。日本にいないため物理的に裁判を起こしにくいというだけではなく、送還されてしまえば、難民不認定処分の取り消し訴訟を起こすための「訴えの利益」（その裁判をすることで得られる利益）がなくなったとして、法律上、そのような訴訟を起こすことが不可能になってしまうのです。

●難民不認定処分に対する異議申し立てを棄却された直後に、 国のチャーター便で強制送還

　Tさんと同様、2014年12月には、スリランカ国籍の26名とベトナム国籍の6名、計32名の非正規滞在者が、日本政府が用意したチャーター便で強制送還される事件が起きましたが、スリランカ国籍の人々のうち3名は、**難民不認定処分に対する異議申し立ての棄却を告知された翌日に送還された**というものでした。

　この3名からの人権救済申し立てを受けた日弁連は2019年9月12日、調査報告書を発表し、**難民不認定処分取り消し訴訟を起こすことができるはずであるのに、退去強制をただちに執行してチャーター便で送還するということは、憲法が何人にも保障している裁判を受ける権利の明らかな侵害である**という結論を出しています。

●弁護人をつける権利

　また、そのような訴訟を起こし遂行するには弁護士の助力を受けることが不可欠ですが、3人は、弁護士に相談する機会も与えられませんでした。3人のうち1人は、異議申し立ての棄却を告知された後、入管職員から「今なら、弁護士だけなら連絡してよい」といわれて電話しましたが、電話がつながらないまま、30分後には電話の機会を打ち切られています。

　携帯電話をもっていても、仕事などで30分程度電話がつながらないことは、私たちの日常生活でいくらでもあることでしょう。日弁連は、この人の場合も含め、**弁護士に相談する機会を与えられなかったことも、裁判を受ける権利の侵害にあたる**としています。

　日弁連の指摘は、憲法第32条についてのものですが、このような異議申し立て棄却直後の強制送還は、自由権規約第14条1項が保障

する公正な裁判を受ける権利にも反することは明らかです。

◆ノン・ルフールマン原則

　また、難民申請者の強制送還は、国際人権法上、「ノン・ルフールマン」（追放や送還の禁止）の義務に反するおそれがあります。その人が、難民にあたる人であれば、**難民条約上のノン・ルフールマン規定**に反しますし、送還先で拷問を受ける可能性がある場合には、**拷問等禁止条約のノン・ルフールマン規定**に反するという問題が生じます。

難民条約 第33条　【追放・送還の禁止】
1項　締約国は、難民を、いかなる方法によっても、人種、宗教、国籍もしくは特定の社会的集団の構成員であること又は政治的意見のためにその生命又は自由が脅威にさらされるおそれのある領域の国境へ追放し又は送還してはならない。

拷問等禁止条約 第3条　【追放・送還・引渡の禁止】
1項　締約国は、いずれの者をも、その者に対する拷問が行われるおそれがあると信ずるに足りる実質的な根拠がある他の国へ追放し、送還し又は引き渡してはならない。

　●**迫害のおそれのある難民を送り返してはならない**
　難民条約第33条のノン・ルフールマン規定は、世界各国に広く受け入れられており、こんにち、すでに、**慣習国際法**（慣習化した国際法として、条約に入っていない国にも適用される）になっているとされています。国は、人種や宗教などの理由で迫害を受けるおそれがある難民を、そのようなおそれのある国に追放したり、送り返したりして

はならないのです。国は、自国で難民と認定して受け入れるか、さもなければ、少なくとも安全な第三国に行けるよう便宜を与える必要があります（難民条約第31条2項）。

　また、拷問等禁止条約のノン・ルフールマン規定の方は、**拷問の防止**にポイントがあります。その人が難民にあたるかどうかにかかわらず、とにかく拷問が行われると信じうるだけの根拠がある国には、人を追放・送還することも、犯罪人引き渡しをすることも許されないのです。

　日本の入管法では、退去強制先は原則としてその人の本国（国籍国）ですが、難民条約第33条と拷問等禁止条約第3条1項を受けて、これらの規定にいう国には送還しない、と定めています（入管法第53条）。

　難民不認定処分の取り消し訴訟で、裁判所が、原告は難民にあたる人であったと判断した場合には、入管が退去強制令書で送還先を本国と指定していることについても、違法とされることがあります。

●退去強制手続きの際にも、難民にあたるかの判断をする必要

　例えば、2011（平成23）年4月13日の判決で東京地裁は、難民条約のノン・ルフールマン規定を取り入れた入管法の規定からすれば、その人が難民にあたるかどうかの判断は、**難民認定手続きとは別に、退去強制手続きの中でもなされなければならない**、とし、**法務大臣は、退去強制を受ける者が送還時において難民にあたるかどうかについても検討して、違法な送還先が指定されることがないようにする義務がある**、と述べています。そして、その事案では、難民にあたる人につき、送還先を本国とする誤った判断をしたために、退去強制処分も違法となるとして、取り消しの判断をしています。

　難民条約のノン・ルフールマン規定に照らして、送還時において難

民該当性を検討するということは、**本国の人権状況などを、難民認定手続きのときとは別に、送還時にもあらためて吟味しなければならない**ことを意味します。

しかし、難民不認定処分の異議申し立て棄却の直後に、裁判を受ける機会も与えずに強制送還するということは、そのような検討も一切せずに、ただちに本国へ人を送還してしまうことです。これは、その人が難民にあたる人であった場合には、難民条約のノン・ルフールマン規定に反することになります。また、本国でその人に拷問が行われる実質的な根拠がある場合には、拷問等禁止条約のノン・ルフールマン規定にも反します。

◆家族が保護を受ける権利

政府がチャーター便を用意して無理やり強制送還するというやり方は、その人の家族が日本にいる場合には、家族が保護を受ける権利との関係でも大いに問題があります。

外国人が日本に入国する権利や在留する権利それ自体は、慣習国際法上も、人権条約上も、保障されているわけではないのは確かです。そのため、入国するには原則として（短期間の観光などの場合にビザ免除の取り決めを国家間でしている場合を除き）ビザをとり、また、在留するには、入管法で認められた在留資格を取得して在留することになります。

しかし他方で、**たとえ不法入国や不法残留などの人であっても、それは入管法という法律上の状態のことにすぎません。法律よりも上の地位にある人権条約に照らして、国の管轄下にある人として、人権を保障されるべき存在です。自由権規約が規定する、家族が国による保**

護を受ける権利はそのひとつです。また、自由権規約が規定する、私生活や家族が恣意的もしくは不法な干渉を受けない権利も関係します。

> **自由権規約 第17条 【私生活・家族の尊重】**
> **1項** 何人も、その私生活、家族、住居もしくは通信に対して恣意的にもしくは不法に干渉され又は名誉及び信用を不法に攻撃されない。

> **自由権規約 第23条 【家族の保護】**
> **1項** 家族は、社会の自然かつ基礎的な単位であり、社会及び国による保護を受ける権利を有する。

◉家族が国による保護を受ける権利

先にみた、日弁連に人権救済申し立てがあった事案では、難民不認定に対する異議申し立ての棄却を告知された翌日に送還されてしまったスリランカ人3名のうち1人は、送還前に妻に連絡をとることも認められませんでした。また、この夫婦には未成年の子どもがいましたが、強制送還されれば家族が分断されてしまうことなどについて、妻に伝え、相談する機会も与えられなかったのです。

日弁連の報告書（2019年9月12日）は、これは「家族に対する恣意的もしくは不法な干渉」にあたり自由権規約第17条に違反するとしています。加えて、家族は社会の自然かつ基礎的な単位であって、「国による保護を受ける権利」をもつとした自由権規約第23条1項にも違反するというべきでしょう。

◉子どもの最善の利益の考慮

また、その家族に子どもがいる場合には、子どもの権利への配慮が

必要です。日本も批准している子どもの権利条約は、次のように、「子どもの最善の利益」について定めています。

> **子どもの権利条約 第3条 1項 【子どもの利益の優先】**
> 子どもに関するすべての措置をとるに当たっては、公的もしくは私的な社会福祉施設、裁判所、行政当局又は立法機関のいずれによって行われるものであっても、子どもの最善の利益が主として考慮されるものとする。

　子どもの権利条約は第9条1項で、国は子どもがその父母の意思に反してその父母から分離されないことを確保するとしていますが、日本は条約批准の際、第9条1項に留保を付し、この規定は、入管法に基づく退去強制の結果として子どもが父母から分離される場合には適用されないと宣言しています。

　しかし、そうであるとしても、第3条1項は子どもに関するあらゆる措置にかかわる一般規定であり、日本はこの規定を守る義務を負っています。第9条1項に留保を付しているとしても、入管手続きにおいて、子どものいる家族を分離させることになりうる場合に、子どもの権利条約第3条1項に照らして「子どもの最善の利益」（the best interest of the child; 何が子どもにとって最善の利益になるか）を考慮して判断することは依然として国の義務だといわねばなりません。

ポイント

★ 難民不認定処分の取り消しを求める裁判を起こす意思がある人を強制送還するのは、裁判を受ける権利を保障した憲法と自由権規約に違反する。

★ 偽造パスポートで入国したとしても、難民が国外に逃れるためにやむをえずとった方法と認められることもある。難民認定の審査で検討される必要がある。

★ 難民にあたる人を強制送還することは、国際人権法上、「ノン・ルフールマン」の義務に反する。

★ 拷問の行われる可能性がある国に人を強制送還することは、拷問等禁止条約に違反する。

★ たとえ不法入国や不法残留であっても、入管法という法律の上の地位にある人権条約に照らして、国はその人の人権を保障しなければならない。強制送還の対象になる場合でも、国は人権条約が定める「家族」の保護や「子どもの最善の利益」に配慮する義務がある。

強制送還と「家族」や「子ども」の保護

❖強制送還の対象となる場合でも、人権条約が定める「家族」の保護や
「子どもの最善の利益」に配慮する必要がある

入管法上は、不法入国や不法残留などがあれば日本から退去強制（＝強制送還）される対象になりますが、その場合でも、人権条約が保障する人権に配慮する必要があります。それは、ｃａｓｅ10でふれたような、家族が保護を受ける権利や、子どもの権利です。

入管法の違反があるからといって、その人の存在がまるごと違法になり、法的に何の保護も受けない、ということはありません。日本人と結婚していて、確かに結婚の実態がある（在留資格を得るための偽装結婚ではない）とか、日本人の家族として在留を認めるべき人であるとか、長く日本で平穏に暮らしており、とくに、日本で生まれ育ち日本社会に定着している子どもを養育しているなど、その家族の生活実態をケースごとに丁寧に検討して、自由権規約が定める家族の保護や、子どもがいる場合には子どもの権利条約にいう子どもの権利に配慮する必要があるのです。それをふまえて、国は、入管法違反がある人にも、「**在留特別許可**」を出すことができます。

また、その場合、「家族」とは、夫婦や血のつながった親子だけでなく、家族といえるだけの密接な関係をもつ連れ子なども含まれます。

皆さんは、**中国残留日本人孤児**のことを聞いたことがありますか。戦前、日本は中国東北部に「満州国」をつくり、開拓民を送り込んでいましたが、日本の敗戦に伴いそれらの人々が日本に引き揚げる際、子どもを一緒に連れて帰れなかったなどの事情で、中国で孤児として残ってしまった人々です。これらの人々の多くは、現地の中国人に引き取られて育てられましたが、日本への帰国を望む人については、1994（平成6）年になってようやく、永住帰国を支援するための法律ができました。

残留日本人孤児の井上鶴嗣さんは、中国人の妻・琴絵さんと日本に永住帰国し、琴絵さんは日本国籍も取得しました。中国には、琴絵さんの連れ子で長女の菊代さん一家3人、次女の由紀子さん一家4人がおり、彼女たち7名もその後日本に来て、鶴嗣さん夫妻の近くで暮らしていました。しかし、7人は、不法上陸として退去強制処分

となり、入管収容施設に収容されてしまいました（うち6人はまもなく仮放免されましたが、1名は1年10か月の間収容）。

この処分の取り消しを求めた裁判で、福岡高裁は2005（平成17）年3月7日、菊代さんたちは妻の連れ子であって実子ではないにしても、鶴嗣さん家族と、実子に等しいかそれ以上の密接なつながりがあることを認め、「**このような家族関係は、日本国が尊重義務を負う自由権規約に照らしても、十分に保護されなければならない**」としました。それは、菊代さんは中国で、自分が結婚するまで夫妻と同居し、長女として家事などをしてきた上に、鶴嗣さんが日本に永住帰国する際には、鶴嗣さんの高齢の養父の世話をしなければ帰国してはいけないと中国当局からいわれたために、鶴嗣さんに代わって、養父が死去するまで7年間、養父の世話をした、という事情があったためです。

福岡高裁は、このような事情や、菊代さんたちの日本での定着状況など

抱き合って喜ぶ由紀子さん・菊代さんたち
（2005年3月8日「朝日新聞」より）

を、「日本国が尊重を義務づけられている自由権規約及び児童の権利条約の規定に照らしてみるならば」、不法上陸があったとしても、退去強制処分は法務大臣の行き過ぎ（入管法上与えられた裁量権の逸脱又は濫用）であったとしました（菊代さんたちは当時すでに成人していましたが、裁判所は、夫妻の連れ子ということで子どもの権利条約も参照しています）。

このように、入管法の解釈・適用にあたっても、家族が保護を受ける権利などを定めた人権条約の趣旨を取り入れて、その趣旨に沿った判断をすることが、国には求められているのです。

コラム⑥

徴用工や「慰安婦」とされた
被害者の人権救済

❖問われ続ける戦時中の人権侵害

2018年10月に韓国の大法院（日本の最高裁にあたる）が、植民地時代に日本に徴用されて働かされた元「**徴用工**」の人々が日本の企業を相手に損害賠償を求めた裁判でその訴えを認めました。日本では、政府がこれを「1965年の日韓請求権協定で解決済みのはずなのに、韓国はそれを破る国際法違反をしている」と非難し、2019年8月には韓国への輸出に関して事実上の制裁措置をとるなど、大きな国際問題となりました。

また、これまでにも、第2次大戦中に日本軍の「慰安婦」とされた女性たちが1990年代に入って被害を公にしはじめ、日本政府に対して責任をとるよう求めてきました。

慰安所は、日本軍が駐留又は進軍したアジア全域（沖縄など日本国内のほか、中国、フィリピン、インドネシア、東ティモールなど）につくられ、被害者の国籍もさまざまですが、とりわけ、当時日本の植民地であった朝鮮半島や台湾からは多数の女性が集められ、中国やビルマのような遠方まで陸路・海路で移送された人も多くいました（日本政府や日本軍の公式文書、被害者の証言などの資料は、日本政府と国民の協力による償い事業として発足し活動した「アジア女性基金」の資料サイト「デジタル記念館　慰安婦問題とアジア女性基金」や、歴史学者の方々が中心となって運営しているウェブサイト「FIGHT FOR JUSTICE　日本軍『慰安婦』―忘却への抵抗・未来の責任」を参照して下さい）。

「慰安婦」問題は、それ自体は、人権条約が結ばれる前に起きた事柄ですが、生存する被害者は今なお身体の障害やPTSDに苦しんでいる上に、「慰安婦問題などなかった」「嘘を言っている」などという、歴史否定・歴史修正主義論者からの心ない攻撃によってさらに苦しめられています。また、監禁してくり返し性暴力を加えることは、いうまでもなく、身体保全の権利の侵害のほか、拷問や非人道的取り扱いにもあたる重大な人権侵害です。

そのため、**自由権規約委員会や拷問禁止委員会などの人権条約機関は、そのような人権侵害を救済する観点か**

ら、また、そのような人権侵害を起こさないようにするという防止の観点から、「慰安婦」問題に対する日本のとりくみについて取り上げ、日本政府にくり返し勧告しています。

　ここでは、このような人権侵害に対する救済のあり方について考えてみましょう。

◆「徴用工」とはどのような人たちか

　韓国で提訴した原告のひとりＡさんは、朝鮮半島が日本の植民地だった1943年、大阪製鉄所で2年間訓練を受ければ技術を習得でき、訓練終了後は朝鮮に戻って技術者として就職できると記載した日本製鉄株式会社（旧日本製鉄）の工員募集広告をみて、応募して合格しました。そして、大阪製鉄所で訓練工になりましたが、火炉に石炭を入れて砕いて混ぜたり、鉄パイプの中に入って石炭の残物を取り除いたりなど、技術習得とは関係がなく、火傷の危険もある辛い労役に従事させられました。外出はひと月に1〜2回許可される程度で、賃金もわずかな小遣いを支給されただけで大部分は会社の口座に強制的に貯金させられました。

　別の原告Ｂさんは、1941年、市長の推薦を受けて動員され、旧日本製鉄の募集担当官の引率で日本に渡り、製鉄所でコークスを溶鉱炉に入れる作業をさせられましたが、賃金はまったくもらえませんでした。

　1910年からの植民地時代、朝鮮半島からはすでに多くの労働者が日本に渡っていましたが、1937年の日中戦争開戦で労働力が不足するなか、日本は1938年に国家総動員法、1939年に国民徴用令を公布し、同年には厚生省と内務省が「朝鮮人労務者内地移住に関する件」という通牒を発して、朝鮮からの本格的な労働者動員を図りました。朝鮮人を雇いたい雇用者が募集を申請すれば、朝鮮総督府で地域別に労働者を割り当てて動員し送り出す形態でした。

　その後1942年には、閣議で「半島人労務者活用に関する方策」が決定され、国が労働者の供出と日本への輸送を行う、「**官斡旋**」による強制的な労働力動員が行われるようになりました。1944年には、朝鮮人にも**国民徴用**が行われるに至り、日本政府が直接に行政機関を動員して労働者を送り出す方法がとられました。

　ＡさんやＢさんは募集に応じた形をとっていますが、いずれも、このような当時の国策の下で行われた強制的な労働力の動員でした。Ａさんのように、

広告と異なる内容の労務をさせられた人も、拒否して帰ることはできませんでした。

強制動員された数10万人の朝鮮人労働者は、炭坑、造船所、製鉄所、トンネル掘削工事、鉄道工事などでの危険な重労働に従事させられました。彼らは飢えと虐待に苦しみながら働かされましたが、その間、ガス爆発事故や坑内火災で亡くなった人、連合国の空襲や原爆投下に遭い亡くなった人も少なくありません。

❖日韓請求権協定で「解決済み」か

◆何が議論されたか

1965年に日本と韓国が日韓基本条約で国交を結んだ際には、両国の間の財産的な問題の処理のための「日韓請求権協定」が同時に結ばれました。

日韓基本条約では、日本の植民地支配については日本がそれを違法とは認めず、両国間で折り合わなかったために、あえてそれを曖昧にしています。

日韓請求権協定は、そのような前提で、財産と請求権の問題の解決と経済協力のために（つまり、違法行為に対する賠償金としてではなく）、日本が韓国に3億ドル分の日本人の役務と日本の生産物の無償供与（3億ドルのお金ではなく、日本人のサービスと日本の製品を提供するかたち）、及び2億ドル分の長期低利貸し付けを行うとしたものです。そして、これをもって、両国とその国民の財産、権利及び利益、並びに請求権に関する問題は完全かつ最終的に解決されることを確認する、としています。

この協定で解決されたことになっている問題について、協定締結時の合意議事録では、「被徴用韓国人の未収金、補償金及びその他の請求権の弁済請求」が含まれています。

他方で、「慰安婦」問題については、日本政府は政府と軍が自ら慰安所を設置したことを当時は認めておらず、協定締結時にはほとんど何の議論もされていません。

日韓基本条約や日韓請求権協定は、当時、軍事政権下の韓国では、経済発展を最優先にしていた朴正熙政権が、戒厳令まで敷いて国民の反対運動を押し切り、結ばれたものですが、韓国の民主化（1987年憲法以降）を経て、2005年には、当時の文書が韓国政府によって公開されました。

そして、その後の対策を検討するため設置された民・官委員会は、「請求

権協定は日本の植民地支配賠償を請求するためのものではなく、両国間の財政的・民事的債権債務関係を解決するためのもので、**慰安婦問題など、日本の国家権力が関与した反人道的不法行為については、請求権協定で解決されたとみることはできない**」という趣旨の見解を公にしています。

他方で、同委員会は、徴用工のような強制動員の被害については、交渉当時、日本政府が強制動員への法的賠償を否定したため、韓国政府が「苦痛を受けた歴史的被害事実」に基づき政治的補償を求め、それが無償資金算定に反映されたとみるべき、との見解を示しました。

◆植民地支配の違法性を前提とした韓国・大法院判決

ですが、Ａさんたち元徴用工は、これに納得できず、自分たちを働かせた企業（現在の新日鉄住金）を相手取って裁判を起こしました。

これに対し、韓国の大法院は2018年10月30日の判決で、Ａさんらの損害賠償請求権は「**不法な植民地支配及び侵略戦争の遂行と直結した日本企業の反人道的な不法行為を前提とする、強制動員被害者の日本企業に対する慰謝料請求権（強制動員慰謝料請求権）**」であるとし、「原告らは未支給

賃金や補償金を請求しているのではなく、そのような慰謝料を請求しているのである」と述べました。

大法院は、協定締結時には確かに「被徴用韓国人の未収金、補償金及びその他の請求権の弁済請求」が対象とされたものの、そのどこにも、日本の植民地支配の不法性を前提とした内容はないために、そこに強制動員の慰謝料請求権まで含まれると考えることはできないとしたのです。

他方で、これに対し、日韓請求権協定で解決済みとみるべきだとする裁判官の反対意見もありました。

このように判決では、2018年韓国・大法院の**日韓請求権協定がそもそも日本の植民地支配の違法性をふまえて結ばれたものではない点**が、裁判所の判断の理由になっていること、また、より大きな視座でみれば、**国家間の条約で、個人の損害賠償請求権も消滅させられるかという、現代国際法上の重要な論点が提起されている**ことがわかります。

◆立場を180度変えた日本政府

実は、このような協定で国家がとり決めるのは外交保護権（自国民の被害について、国として相手国に請求する権利）の行使についてであり、個人の請

求権は消滅していないというのは、かつては日本政府の一貫した立場でした。いわゆる「原爆訴訟」や「シベリア抑留訴訟」では、日本政府はそのような主張を展開していました。日本は国としては請求を放棄しているけれども、被害者は、その気があれば加害国（原爆についてはアメリカ、シベリア抑留についてはソ連）に請求すべきであるという立場です。ところが、日本が損害賠償を請求される立場になってか

らは、個人の権利も条約ですべて解決済みであるという立場に180度転換したわけです。

そもそも、強制動員や強制労働が日本政府の国策の下で行われ、それによって甚大な被害を与えたことをふまえても、韓国の裁判所の立場が「国際法に照らしてありえない判断」（安倍首相）だとして非難する姿勢は、あまりにも都合のいいものといわざるをえないでしょう。

❖人権侵害に対して救済を受ける権利

人権侵害に対して救済を受ける権利は、それ自体、基本的な人権のひとつです。1948年の世界人権宣言は、「すべての者は、憲法又は法律によって与えられた基本的権利を侵害する行為に対し、権限を有する国内裁判所による効果的な救済を受ける権利を有する」としています（第8条）。自由権規約、人種差別撤廃条約、拷問等禁止条約など多くの人権条約でも、条約で認められた権利の侵害に対して救済を受ける権利が明記されています。

このような国際人権法の分野だけでなく、国際刑事法の分野でも、ジェノサイドや、国際人道法違反の戦争犯罪、「人道に対する罪」などの国際犯罪は重大な人権問題でもあるという観点か

ら、国際刑事裁判所（ICC）は、刑事裁判所でありながら、被害者に対する救済にもとりくむことになっています（ICC規程第75条を参照）。

◆被害者救済のための国連ガイドライン

国連では、世界人権宣言第8条やICC規程第75条の原則もふまえ、重大な人権侵害の被害者が救済を受ける権利に関する基本的な考え方をまとめて体系化する動きが進み、2005年には国連総会で、「**国際人権法及び国際人道法の重大な違反の被害者のための救済の権利に関する基本原則及びガイドライン**」が採択されています。

この基本原則・ガイドラインは、重大な人権侵害に対する救済とはどのよ

うなものであるべきかについての国際社会の叡智が詰まっているといってよいものですが、その中では例えば、**人権侵害の事実の承認は、被害者が救済を受ける権利の重要な一環**であることが明記されています。人権侵害の事実が明らかにされ、「そんな事実はなかった」「嘘だ」などとねじ曲げられずにはっきり認められてこそ、被害者は、否定されていた人間の尊厳を回復することができるからです。政府が声明を出すなどして公的に事実を認めた上で、真摯に謝罪することも大切です。

日本政府は、「日韓請求権協定で解決済み」と突っぱねるばかりですが、日本は、徴用工の人々の人権侵害について、自ら調査して事実を明らかにし、公的に認めたこともなければ、被害者に謝罪したこともありません。

◆ 「過去のこと」ではない人権侵害

徴用工の人々が受けたひどい扱いは、現在の日本では、技能実習生を想起させるものです。技能を身につけられることを期待してベトナムなどからやって来た若い人たちが、福島で原発の除染作業に従事させられる、一時間300円の残業代で1日16時間の長時間労働をさせられるなど、制度の趣旨とは異なり、安価な労働力として酷使されている現状が明らかになっています。2019年3月に法務省は、過去6年で171人の技能実習生が死亡しているという調査結果を発表しています。技能実習生は、外国人であることによる立場の弱さに加えて、日常的な差別や虐待にも苦しんでいます。

このように、**徴用工問題は、「過去のこと」で済まされるものではありません**。政府と、企業を含む日本社会が、人権侵害の事実に誠実に向き合い、被害者の尊厳を回復する措置をとるとともに、労働法などの法整備に加え人権教育・研修のような再発防止のためのとりくみを行ってこそ、同じ人権侵害をくり返さずに前に進んでいくことができるでしょう。

◆事実をねじ曲げる安倍政権

「慰安婦」問題に対しても、事実をきちんと公的に認めて被害者の尊厳を回復するとともに、そのような性暴力を決してくり返さないためのとりくみを政府自ら積極的に行っていくことが必要です。

2015年に日本政府は韓国政府と合意を締結し（**日韓合意**）、慰安婦問題について日本の責任を認める、としました。**しかし、その後も日本政府は、強制連行とは「人さらいのような強制**

連行」を指すという安倍首相の立場に沿って、「軍や官憲によるいわゆる強制連行を直接示すような記述はみあたらなかった」という見解（2007年第1次安倍内閣時の閣議決定）を堅持し、**慰安所はつくったが強制連行はしていない、という立場をとり続けています。**

植民地下の朝鮮では、農村の貧しい家の娘が「良い仕事がある」という誘いに騙されて慰安所に連れていかれたり、日本の官憲に「娘を出せ」といわれて拒否しきれなかったりしたケースが多数ありました。しかし、そのような場合でも、連れていかれた先で、慰安所に監禁されて「慰安婦」とされ、連日の性暴力を受けることになった事実は変わりません（日本政府のような狭い「強制連行」の理解が不当であることについては、「日本の歴史学者1万3800人、慰安婦は『強制連行された』」ハンギョレ新聞2015年5月25日も参照して下さい）。

日本政府の立場は、「人さらいのような強制連行」でなく、騙されていった場合には、まるで自由意思で女性が性的奉仕を行ったにすぎないかのようにみるものですが、**そのような、事実をねじ曲げる態度こそが、被害者の尊厳を傷つけ続けているのではないでしょうか。**

◆事実を教え語りつぐことは必要不可欠

1991年に「慰安婦」被害者が最初に名乗り出た後、日本政府が調査に乗り出し、1993年に発表した河野官房長官談話では、曲がりなりにも、「歴史研究、歴史教育を通じて、このような問題を永く記憶にとどめ、同じ過ちを決してくり返さないという固い決意」を表明するとしていました。アジア女性基金の「デジタル記念館」はそのひとつの成果でしょう。しかし、歴史教育の中で「慰安婦」問題にふれる動きはどんどん後退し、現在の歴史教科書からはほぼ消えてしまっています。2015年の日韓合意も、歴史教育を含め、歴史の教訓を伝えていくことにまったくふれていません。

重大な人権侵害について事実を教え語りつぐことは、被害者の名誉回復のためにも、同じ過ちをくり返さないという再発防止の観点からも不可欠です。

過去の人権侵害の事実がなおざりにされたり公然と否定されたりすることは、今後も同じような問題が起こりかねない社会、起きたとしても無視・許容されかねない社会の土壌をつくることになります。そのことを心に刻み、人権侵害を許さない社会を私たち皆でつくっていきましょう。

あとがき

　本書では、日本で実際に起こっている人権問題を題材に、理不尽な扱いを受けて困っている人を助ける手立てとなるような国際人権法の知識や考え方を、できるだけわかりやすく述べることを心がけました。

　国際人権法は、国の「管轄下にあるすべての人」の人権にかかわる法として、とくに一国の憲法や法律の枠組みだけではこぼれ落ちてしまいやすい外国人や、外国にルーツをもつ人々の人権を守るために使われることが多い法律です。

　しかし、それに限らず、奨学金ローンに苦しむ学生や、性暴力を受ける女性など、本書で取り上げたさまざまなケースは、多くの人にとってまさに自分の問題でもあるのではないでしょうか。

　本書で取り上げたような問題を考えるときに大事なことは、それが人権問題であると気づく、ということです。私たちは、理不尽な問題に直面しても、そういうものなのだと思ってあきらめたり、自分が悪かったのではないかと考えて自分を責めたりしがちです。とりわけ、貧困に対して「自己責任」論が強調されたり、政府の見解に異を唱える者は「反日」扱いされたりすることが増えている今の日本ではそうでしょう。

　でも、ひとつの国の常識が、世界の常識なのではありません。国際的な人権の考え方に照らせば、私たち一人ひとりが直面している問題は、

人権の問題であって、人権の観点からすればそのような状況は「おかしい」といえる場合が多々あります。

　一人ひとりは日本の中でどれだけマイノリティであっても、個人がもつ人権として認められた基準の観点からは、その人の権利を侵害している側や、その人の主張を押しつぶしている法制度の側がおかしく、是正される必要がある、といえる場合も多いのです。

　きちんとした知識をもつこと、それをもとに自分で考えるようにすることは、私たち個人をエンパワーすると同時に、身近な友だちを助ける術にもなります。国際人権法という普遍的なモノサシを味方につけて、みなが共に生きていける社会を築いていきたいですね。

　最後になりましたが、本書の企画・編集をご担当下さり、日本社会のマイノリティの人々がおかれた状況に対する鋭い問題意識をもってさまざまなご提案を下さった影書房、素敵なイラストを描いて下さった桂川潤さん、そして写真を提供して下さった織田朝日さんに、心よりお礼申し上げます。

　　2020 年 3 月

　　　　　　　　　　　　　　　　　　　　　申 惠 丰

〈著者紹介〉

申 惠丰 シン・ヘボン

1966 年東京都出身。1993 年ジュネーブ国際高等研究所修士課程修了、高等研究ディプロマ (DES) 取得。1995 年東京大学大学院法学政治学研究科博士課程修了、法学博士。青山学院大学法学部・大学院法学研究科教授。NPO 法人ヒューマンライツ・ナウ理事長。

【著書】

単著：『国際人権法—国際基準のダイナミズムと国内法との協調〈第 2 版〉』（信山社、2016 年）、『人権条約の現代的展開』（信山社、2009 年）、『人権条約上の国家の義務』日本評論社、1999 年

共著：韓国人研究者フォーラム編集委員会ほか編『国家主義を超える日韓の共生と交流』（明石書店、2016 年）、柳原正治ほか編『プラクティス国際法講義〈第 3 版〉』（信山社、2017 年）　ほか

友だちを助けるための国際人権法入門

2020 年 4 月 30 日　初版第 1 刷

著者　**申 惠丰** シン ヘボン

装丁・装画・挿画　桂川 潤

発行所　**株式会社 影書房**
　〒170-0003　東京都豊島区駒込 1-3-15
　電　話　03-6902-2645
　ＦＡＸ　03-6902-2646
　Ｅメール　kageshobo@ac.auone-net.jp
　ＵＲＬ　http://www.kageshobo.com
　郵便振替　00170-4-85078

印刷／製本　モリモト印刷

定価　1,900 円＋税

ISBN978-4-87714-486-9

目取真 俊 著

ヤンバルの深き森と海より

歴史修正、沖縄ヘイト、自然破壊——暴力で沖縄の軍事要塞化を進める日本政府に対し、再び本土の〈捨て石〉にはされまいと抵抗する沖縄の姿を、辺野古の海でカヌーを漕ぎ〈行動する〉作家が記録。2006〜2019年の14年の間に発表された論考・評論を厳選。　四六判478頁3000円

李 信恵 著
（リ　シ　ネ）

#鶴橋安寧

アンチ・ヘイト・クロニクル

ネット上にまん延し、路上に溢れ出したヘイトスピーチ。ネトウヨ・レイシストらの執拗な攻撃に晒されながらも、ネットでリアルで応戦しつつ、カウンターに、「在特会」会長らを相手どった裁判にと奔走する著者の活動記録に、在日の街と人の歴史を重ねた異色のドキュメント。　四六判262頁1700円

中村一成 著

映画でみる移民／難民／レイシズム

戦争、差別、貧困・格差、植民地主義……歪んだ現実を映画人はどう描き、批判してきたか。『太陽の男たち』、『ブレッド＆ローズ』、『この自由な世界で』、『ライフ・イズ・ビューティフル』、『移民の記憶』、『憎しみ』他、日本の差別状況をも抉り出す映画評20本。　四六判318頁2500円

梁英聖 著
（リャンヨンソン）

日本型ヘイトスピーチとは何か

社会を破壊するレイシズムの登場

間断なく続いてきたヘイトクライムの延長にある日本のヘイトスピーチ。在日コリアンを"難民化"した〈1952年体制〉、日本型企業社会の差別構造等も俎上にのせ、〈レイシズム／不平等〉を可視化。欧米の取り組みを参照しつつ、日本における反差別規範の確立を提唱する。四六判314頁3000円

LAZAK（在日コリアン弁護士協会）編／板垣竜太、木村草太 ほか著

ヘイトスピーチはどこまで規制できるか

目の前にあるヘイトスピーチ被害に、現行法はどこまで対処できるのか。「言論・表現の自由」を理由とした法規制慎重論が根強いなか、議論を一歩でも前に進めようと、弁護士・歴史家・憲法学者たちが開いたシンポジウムの記録。その後の座談会の記録他も収録。　四六判204頁1700円

金子マーティン 著

ロマ「ジプシー」と呼ばないで

ナチスによる大量虐殺、戦後も続く迫害・差別と貧困。あたり前の人権を求めて立ち上がったロマ民族の本当の姿とは。そのルーツから近年のヘイトクライムの頻発、「再難民化」まで、歴史的背景と現在の問題を鋭く追う。レイシズム、歴史修正主義に抗するために。　四六判256頁2100円